Mon enfant à l'école

CONSEILS ET ASTUCES POUR L'ACCOMPAGNER DE LA MATERNELLE À LA 6ᵉ ANNÉE

TC Média Livres Inc.
Les Éditions Transcontinental
5800, rue Saint-Denis, bureau 900
Montréal (Québec) H2S 3L5
Téléphone : 514 273-1066 ou 1 800 565-5531
www.livres.transcontinental.ca

Pour connaître nos autres titres, consultez
www.livres.transcontinental.ca.

Pour bénéficier de nos tarifs spéciaux
s'appliquant aux bibliothèques d'entreprise
ou aux achats en gros, informez-vous au
1 855 861-2782 (et faites le 2).

**Catalogage avant publication de
Bibliothèque et Archives nationales du Québec
et Bibliothèque et Archives Canada**

Vedette principale au titre :

Mon enfant à l'école : conseils et astuces pour l'accompagner de la maternelle à la 6e année

(Coup de pouce)
Comprend un index.

ISBN 978-2-89743-027-6

1. Éducation - Participation des parents. 2. Rentrée
scolaire. I. Collection : Collection Coup de pouce.

LB1048.5.M66 2014   371.19'2   C2014-941232-0

Imprimé au Canada
© Les Éditions Transcontinental, une marque
de commerce de TC Média Livres Inc., 2014
Dépôt légal – Bibliothèque et Archives nationales
du Québec, 3e trimestre 2014
Bibliothèque et Archives Canada

Équipe de Coup de pouce
Directrice éditoriale et rédactrice en chef :
Geneviève Rossier
Rédactrice en chef adjointe :
Claudine St-Germain
Responsable des reportages :
Andrée-Anne Guénette
Responsable cuisine :
Catherine Clermont

Équipe d'édition et de production
Édition et coordination de la production :
Isabel Tardif
Conception graphique : Ginette Cabana
Adaptation du contenu : Julie Roy
Révision linguistique et correction d'épreuves :
Edith Sans Cartier, Renée Bédard
Mise en pages : Ginette Cabana, Diane Marquette
Impression : Transcontinental Interglobe

Les Éditions Transcontinental remercient le
gouvernement du Québec – Programme de crédit
d'impôt pour l'édition de livres – Gestion SODEC.

Nous reconnaissons l'aide financière du
gouvernement du Canada par l'entremise du Fonds
du livre du Canada pour nos activités d'édition.

Nous remercions également la SODEC de son appui
financier (programmes Aide à l'Édition et Aide à la
promotion).

COUP de POUCE

Mon enfant à l'école

CONSEILS ET ASTUCES POUR L'ACCOMPAGNER DE LA MATERNELLE À LA 6e ANNÉE

Les Éditions
Transcontinental

Mon enfant à l'école

Oui, je l'ai fait. Et même trois fois plutôt qu'une : pleurer en laissant un de mes enfants à la maternelle ou à l'école le matin. Est-ce que tout ira bien pour lui ? L'enseignante saura-t-elle comprendre les petits signes de ma «grande» fille ? Se fera-t-il des amis, vaincra-t-elle sa timidité ? Quel parent n'a pas connu ces moments d'émotion et d'inquiétude ?

Être la mère ou le père d'un écolier ou d'une écolière, c'est pratiquer une sorte de sport extrême avec soi-même, qu'on se le dise. Ce livre est là pour vous aider à accompagner vos enfants dans leur parcours scolaire, afin qu'ils réussissent non seulement à apprendre à lire et à calculer, mais aussi à bien vivre à l'école. Nous vous offrons dans ces pages des réponses aux questions qu'on se pose tous, ainsi que des stratégies éprouvées pour résoudre les problèmes, gros et petits, qui surgissent sur le chemin de la scolarité. Et en fin de parcours, il y aura l'infini bonheur d'avoir vu nos enfants s'adapter, réussir et voler de leurs propres ailes.

Toute l'équipe de *Coup de pouce* espère que notre nouveau livre vous sera utile !

Geneviève Rossier

Rédactrice en chef et directrice
de la marque *Coup de pouce*

Table des matières

{1}

ON PRÉPARE
LA RENTRÉE

Chaque année, la dernière semaine du mois d'août
sonne la fin des vacances pour nos enfants :
c'est la rentrée ! Que ce soit la première ou la
septième fois, ce moment suscite excitation chez
les uns, et petites craintes ou grandes angoisses
chez les autres. Voici une série de conseils de pros,
de profs et de mamans pour faciliter notre rentrée
et démarrer l'année du bon pied.

DE LA GARDERIE À LA MATERNELLE :
LE GRAND SAUT

Ça y est, notre petit se transforme en écolier ! Cette première
rentrée représente un énorme défi pour lui, car tous ses
repères sont à rebâtir : locaux, amis, enseignants, routine, etc.
Pour l'aider à intégrer le monde des grands en douceur,
voici quelques astuces qui faciliteront la transition.

Elle est inconsolable de quitter la garderie !

Notre fille avait hâte de commencer l'école. Mais, à l'approche de la rentrée, elle est attristée de devoir dire adieu à ses amis, à son éducatrice, au lieu qui est devenu sa deuxième maison. Le mieux, c'est d'accueillir ses émotions, selon Nicole Malenfant, enseignante en éducation à l'enfance. «On lui dit que c'est normal d'avoir du chagrin quand on quitte des gens qu'on aime. En se sentant libre d'exprimer ce qu'elle ressent, elle surmontera sa peine plus facilement.»

Stratégies

- ◆ On lui rappelle d'autres adaptations qu'elle a vécues. «Quand tu as commencé la gymnastique, tu ne connaissais personne. Maintenant, tu as deux bonnes amies.»

- ◆ On lui fait voir ce qui restera pareil. «Deux amis de ton groupe iront à la même école que toi. Tu pourras jouer avec eux à la récréation et peut-être même que vous serez dans la même classe.» «Tu feras des bricolages et des dessins, comme à la garderie.»

- ◆ On souligne les avantages d'aller à l'école.

- ◆ On lui propose d'inviter ses meilleurs amis de la garderie à jouer à la maison, une fois l'école commencée (et on tient promesse).

- ◆ On continue à développer et à valoriser son autonomie, car cela l'aidera à composer avec l'anxiété. L'autonomie, en effet, donne à l'enfant le sentiment d'avoir du pouvoir sur ce qu'il vit.

Je me souviens...
de la rentrée de mon enfant

«Quand mon garçon a commencé la maternelle, je trouvais son sac d'école vraiment immense comparé à lui, tout petit... Maintenant qu'il est en 3ᵉ année, les proportions sont rétablies, et son sac est tout usé. Il m'a même demandé de le remplacer cette année parce que le motif faisait trop bébé. Le temps passe tellement vite !» — MARIE-ÈVE, 37 ans

Mon enfant n'a jamais fréquenté la garderie. Risque-t-il d'être en retard sur les autres enfants de la maternelle?

On se rassure: ce sont les caractéristiques individuelles et familiales qui font la différence, pas le fait que l'enfant ait fréquenté ou non la garderie. La Direction de santé publique de Montréal, en collaboration avec le Groupe de recherche sur l'inadaptation psychosociale chez l'enfant (GRIP), a publié en 2008 une étude sur la maturité scolaire de 10 513 enfants de maternelle de la région montréalaise.

Ses conclusions

◆ Les enfants arrivent mieux préparés lorsque la mère a au moins un diplôme d'études secondaires et qu'elle est née au pays.

◆ La langue maternelle de l'enfant et son sexe (les filles sont un peu plus matures) jouent aussi un rôle.

◆ Ces caractéristiques sont les plus déterminantes, bien avant la fréquentation de la garderie. On note une exception, cependant: la garderie a un effet positif sur les enfants vulnérables (issus d'un milieu défavorisé, souffrant d'un handicap ou dont l'encadrement familial est insatisfaisant). Pour ceux-là, oui, la garderie procure un avantage.

◆ Par ailleurs, un enfant qui a été à la garderie respectera-t-il mieux les consignes à l'école? «Pas nécessairement. Certains enfants, parce qu'ils sont habitués à évoluer dans un groupe, risquent d'être moins inhibés, analyse Pierre Lapointe, chercheur au GRIP et professeur au Département d'administration et fondements de l'éducation de l'Université de Montréal. Les enfants qui sont restés à la maison, au contraire, sont plus réservés à leur entrée à la maternelle, car tout cela est nouveau pour eux.»

Est-il possible d'apprivoiser l'école un an à l'avance ?

Notre enfant commencera l'école en septembre ? Certaines commissions scolaires offrent la possibilité d'apprivoiser le monde scolaire par l'entremise du programme Passe-Partout. Pendant l'année précédant son entrée à la maternelle, l'enfant va à l'école (pas nécessairement à celle qu'il fréquentera) une demi-journée par semaine ou aux deux semaines. Il y apprend à interagir harmonieusement avec les autres, à développer sa motricité, à mener à terme une activité, à exprimer ses besoins en utilisant le langage, etc. Autrement dit, il acquiert des compétences le prédisposant à l'apprentissage. Les parents sont eux-mêmes conviés à des rencontres avec d'autres parents afin de développer leurs compétences parentales. L'inscription, gratuite, a habituellement lieu en février ou en mars ; on s'informe auprès de notre école ou de notre commission scolaire. Sur l'île de Montréal, le programme Passe-Partout est remplacé par la possibilité d'entrer à la maternelle dès l'âge de 4 ans (dans certaines écoles).

Il ne connaît personne. Va-t-il réussir à s'intégrer?

Après avoir fréquenté la même garderie durant quatre ans, Junior se retrouve catapulté dans un nouveau milieu où il ne connaît personne. On s'inquiète un peu: et s'il ne prenait pas sa place? Et s'il ne parvenait pas à se faire des amis? Et si… De l'avis des spécialistes interrogés, la première chose à faire, c'est de se calmer. «Les enfants sont de vraies petites éponges: ils sentent et ressentent l'anxiété des parents, explique Lynda Vadnais, enseignante de maternelle à la Commission scolaire de Montréal (CSDM). Quand ces derniers viennent les reconduire, les petits font des crises. Mais dès que papa ou maman quitte la classe, l'enfant cesse de pleurer et de crier.»

À chacun son rythme

Pas besoin de s'en faire outre mesure si notre fils n'entre pas en relation facilement avec les autres. «C'est peut-être qu'il préfère la solitude, dit Lynda

Vadnais. C'est possible aussi qu'il ne soit pas encore parvenu à ce stade dans son développement. Dans ce cas, il ne faut pas le brusquer. On procède par accompagnement et modélisation. Par exemple, j'amène l'enfant avec moi pour rencontrer des petits camarades, et je leur demande : "Voulez-vous jouer avec nous ?" C'est moi qui entre en relation avec les autres ; l'enfant, lui, me voit comme un modèle, il m'observe. Petit à petit, il apprendra comment faire, et, dès qu'il se sentira prêt, il agira en ce sens. »

Le rôle de la maternelle

Si notre fils souffre de timidité, il faut se dire qu'il est au bon endroit. « La maternelle vise entre autres à développer les compétences d'intégration et de vie en groupe des enfants afin de les préparer pour l'école, note Solène Bourque, psychoéducatrice. Les professeurs sont donc très attentifs à cet aspect, et ils tâchent de créer des occasions de travail en équipes de deux ou en groupe. »

On veut aider fiston à faire sa place ? « Certains parents donnent des petits cadeaux à leurs enfants pour qu'ils les partagent avec leurs copains. Or, c'est une béquille, car les enfants sont rejetés dès qu'ils n'ont plus rien à offrir », prévient Lynda Vadnais. Solène Bourque recommande de faire appel au sens de l'observation de notre jeune : « On peut lui demander s'il a vu un ami qui jouait au même jeu que lui. C'est beaucoup moins anxiogène pour l'enfant d'envisager de créer le contact avec une seule personne que de le faire avec le groupe. »

Je me souviens...
de la rentrée de mon enfant

« Quand ma fille a commencé l'école, je lui ai offert des vêtements et des souliers neufs pour la rentrée. Je reproduisais ainsi un rituel de mon enfance qui peut paraître superficiel, mais qui me donnait (et me donne encore !) l'impression de repartir l'année sur de nouvelles bases. Ma fille a porté fièrement son nouvel ensemble, et il m'a semblé qu'elle vieillissait d'un coup ! » — ISABELLE, 40 ans

Elle a encore besoin de sa sieste. Sera-t-elle trop fatiguée pour suivre la classe?

Notre fille est sans conteste la reine dormeuse de la garderie. Qu'en sera-t-il à la maternelle, où le gros dodo est remplacé par un court repos? «Il arrive que des enfants s'endorment profondément lors des 15 minutes de détente qui suivent l'heure du dîner, explique Catherine Cyr, enseignante de maternelle à la CSDM. En début d'année, on est plus souples: ils sont tout petits et on sait qu'ils travaillent pour s'adapter à une nouvelle réalité. On laisse donc leur sieste empiéter légèrement sur l'activité suivante. Généralement, ils émergent après quelques minutes. Sinon, on les réveille doucement. En général, plus l'année avance, plus ils prennent le rythme. Dans le cas contraire, on consulte les parents.»

«Un enfant de 5 ans a besoin de 10 à 12 heures de sommeil par nuit, précise Evelyne Martello, infirmière clinicienne spécialiste des troubles du sommeil chez l'enfant et auteure du livre *Enfin, je dors… et mes parents aussi.* S'il ne les a pas, il ressentira le besoin d'une sieste. Cela induit un cercle vicieux: l'enfant qui dort le jour éprouve des difficultés d'endormissement le soir venu, ce qui réduit ses heures de sommeil… et l'amène à vouloir faire la sieste dans la journée.»

Pour briser cette habitude, on couche l'enfant plus tôt. «Généralement, ce n'est pas un problème, car les premières semaines d'école, l'enfant est épuisé, assure Evelyne Martello. Il faut compter un bon mois d'adaptation. Mais on ne doit pas s'inquiéter: cela ne nuira pas à sa santé ni à ses apprentissages. Toutefois, si, après trois mois, il n'a toujours pas pris le rythme et qu'il souffre encore de la fatigue, mieux vaut en glisser un mot à son pédiatre.»

Importante, la routine pré-dodo

Selon Evelyne Martello, même en maternelle et au début du primaire, la routine du dodo est cruciale pour favoriser l'endormissement, si on veut que notre enfant récupère bien durant la nuit. Appliquée avec constance (même la fin de semaine), elle sécurise l'enfant et lui permet d'établir des repères quant à la suite des choses. Ainsi:

◆ on évite les activités trop stimulantes en soirée. Par exemple, on ne rentre pas du parc juste avant le dodo.

◆ on donne le bain juste avant le coucher. On ne laisse pas un enfant tout propre retourner à ses joujoux.

◆ dans la chambre, on favorise l'obscurité. «La mélatonine, l'hormone du sommeil, est une hormone de la noirceur, explique Evelyne Martello. La présence de lumière en inhibe la sécrétion et retarde donc l'endormissement.»

◆ on couvre les sons ambiants par un petit bruit de fond (musique classique, ventilateur).

Je me souviens...
de la rentrée de mon enfant

«À la première rentrée de mes enfants, c'était très chargé en émotions: comme un arrachement, une étape qui se termine… Mais c'était aussi l'excitation devant l'inconnu! Le premier moment où il est si clair qu'être parent, c'est autant permettre à l'enfant de lâcher notre main que de la lui tenir. Et je l'avoue, la rentrée sonne aussi comme "vacances"! À la fin de l'été, c'est dur de les occuper.» — MADELEINE, 52 ans

Il a un problème de santé. Comment assurer sa sécurité à la maternelle?

D'abord, il faut savoir que la direction de l'école et l'infirmière responsable travaillent en étroite collaboration avec les parents pour que rien ne soit laissé au hasard. Selon Anne-Marie Racine, aide-infirmière au CSSS Thérèse-De Blainville, le processus s'amorce dès l'inscription à la maternelle et comporte les étapes suivantes:

◆ En janvier, la direction de l'école envoie une lettre aux parents leur demandant de procéder à un petit bilan de santé de leur enfant (faire vérifier sa vision et sa dentition, mettre à jour son carnet de santé, etc.).

◆ En juin, les parents sont conviés à une journée d'information liée à la rentrée scolaire. Ceux dont l'enfant souffre d'un problème de santé (épilepsie, diabète, allergie grave, etc.) sont invités à le signaler en remplissant un formulaire.

◆ Ces formulaires sont immédiatement acheminés à l'infirmière responsable, qui entrera en contact avec les parents afin d'évaluer la situation de l'enfant et de s'enquérir des recommandations du médecin traitant.

◆ À la suite de cet échange, l'infirmière et la direction de l'école détermineront s'il y a lieu de prodiguer une formation particulière à l'enseignant responsable. «Parfois (dans un cas d'épilepsie, par exemple), on rencontre aussi les petits camarades de classe pour les sensibiliser au problème de santé de l'enfant», ajoute Anne-Marie Racine.

◆ La direction de l'école distribue également au personnel scolaire – ou affiche dans la salle des professeurs – les noms, les photos et les renseignements médicaux des élèves aux prises avec un problème de santé, afin que tous puissent réagir rapidement en cas de pépin.

Enfin, si l'on a raté la journée d'information ou qu'on déménage durant l'été, on prend soin de signaler le problème de santé de notre enfant à la secrétaire de l'école dès la rentrée scolaire.

Un encadrement régi par des mesures particulières

Les parents doivent savoir que les soins apportés à Junior à l'école pourraient différer des mesures qu'ils appliquent à la maison. «Avant, le parent pouvait dire à l'enseignante: "Fais ça comme ça, et ça va aller", explique Anne-Marie Racine. Maintenant, ce n'est plus le cas. La loi 90 nous oblige à intervenir auprès du personnel pour faire en sorte qu'il soit mieux formé et qu'il soit à même de faire les gestes adéquats dans un contexte où il y a 20 élèves par classe.»

Les infirmières comprennent que cela suscite parfois un brin d'inquiétude chez les parents d'enfants de maternelle. «Ce n'est pas toujours facile de laisser son petit, malade, à des inconnus, dans un nouveau milieu de surcroît, reconnaît Anne-Marie Racine. On travaille donc à créer un lien de confiance. On organise des rencontres entre les parents et tous les acteurs concernés, et on détermine le rôle de chacun dans les différentes situations qui peuvent découler de la problématique. Par exemple, dans le cas d'un enfant diabétique qui doit mesurer son taux de sucre et qui n'est pas encore assez habile pour manier seul son glucomètre, on formera l'enseignante de façon qu'elle lui vienne en aide. Notre rôle est de superviser le processus afin que tout se passe dans les normes, dans l'intérêt et pour la sécurité de l'enfant.»

Je me souviens...
de la rentrée de mon enfant

«À chaque rentrée, j'en faisais trop: sac, souliers et vêtements neufs, boîte à lunch qui déborde... Fiston pleurait quand même en voyant l'autobus et en entendant la grosse voix du chauffeur. Pour ma fille, pas de débordement de bisous (mon genre). Indépendante, il n'était pas question qu'elle ait l'air d'un bébé.»
— GINETTE, 45 ans

DES ASTUCES DE PROFS
POUR PRÉPARER SON ENTRÉE
À LA MATERNELLE

«Quelques jours avant la rentrée à la maternelle, emmenez votre enfant découvrir son école. Promenez-vous dans la cour, faites-lui essayer les modules de jeu, s'il y en a, montrez-lui la porte où il entrera et, même, jetez un coup d'œil par les fenêtres. Toutes ces découvertes contribueront à diminuer son stress. Parlez-lui en bien de l'école : il apprendra de nouvelles choses, il se fera des amis… Partagez avec lui quelques beaux souvenirs de votre passage au primaire ; il aura encore plus envie d'entrer dans ce nouveau monde ! C'est en ayant une image positive et harmonieuse de l'école que votre enfant s'y sentira à l'aise. » — MYRIANNE MATHURIN, enseignante au préscolaire

«**C'est probablement la première fois que votre enfant aura une boîte à lunch. Faites-le s'exercer à ouvrir et à refermer les contenants réutilisables. Et rappelez-lui qu'un adulte pourra l'aider au besoin.**» — MARIE-ÈVE LAFORTUNE, enseignante au primaire

« Pour sécuriser les enfants dans leur passage vers la grande école, prévoyez quelques objets de la maison qu'il pourra apporter avec lui : photos de la famille, foulard de maman, crayon de papa… N'oubliez pas de glisser des petits mots doux dans le sac de collation ou, pourquoi pas, d'écrire directement sur une banane ! C'est une belle façon de l'initier à la communication écrite. » — KARINE BÉLANGER, enseignante au primaire

« Les soirées de septembre ne devraient pas être stressantes pour l'enfant. Il aura passé toute la journée dans un nouvel environnement, avec de nouveaux visages et de nouvelles consignes. Il sera plus épuisé qu'à l'habitude, moins patient, plus sujet aux frustrations. Ce n'est pas le temps de le traîner à l'épicerie ou de l'emmener visiter des amis un mercredi soir. La routine est très importante pendant les premières semaines. » — MARIE-ÈVE LAFORTUNE

« Si vous avez la possibilité de modifier votre horaire de travail, je vous encourage à prévoir la plus longue présence au service de garde à la fin des classes. Le matin, les élèves sont plus alertes et intéressés quand ils n'ont pas passé une heure et demie au service de garde avant le début de la journée. » — LUCIE CHABOT, enseignante au primaire

« Il se peut que vous trouviez difficile de ne pas avoir de rétroaction quotidienne de l'enseignante, surtout si vous étiez habitué au journal de bord de la garderie. Si vous vous inquiétez au sujet de l'adaptation de votre enfant, écrivez une note dans l'agenda afin que l'enseignante communique avec vous. » — MARIE-ÈVE LAFORTUNE

5 CONSEILS DE PARENTS
POUR RASSURER ET MOTIVER NOTRE ENFANT

 «Les week-ends, je l'emmenais jouer dans le parc de l'école. Je lui parlais aussi souvent de toutes les belles choses qu'il ferait à la maternelle.» — MARIE-CLAUDE

 «Un mois avant le grand jour, nous avons commencé un compte à rebours avec un calendrier, comme on le fait pour un événement important. Résultat? Mon fils avait très hâte!» — VALÉRIE

 «Je l'ai emmenée avec moi acheter son matériel scolaire. Elle a pu choisir son sac à dos et sa boîte à lunch. Je lui ai aussi appris à nouer ses lacets.» — ISABELLE

 «J'ai joué à l'école avec ma fille. Je posais des questions simples ou drôles dont elle connaissait les réponses, et elle devait lever la main avant de parler. Ça lui a permis de se mettre en contexte un peu à l'avance!» — MATTHIEU

 «J'ai organisé de petites rencontres – au parc ou à la maison – avec des parents et leurs enfants qui venaient de terminer la maternelle. Mon fils a pu leur poser des questions et créer des liens.» — GENEVIÈVE

ON DÉVELOPPE SON AUTONOMIE

L'école, ce n'est pas la garderie! Puisque le ratio enfants/ enseignant est plus élevé (environ 20 enfants par enseignant, comparativement à 10 par éducatrice), notre petit devra apprendre à se moucher et à attacher son manteau tout seul, dès son entrée à la maternelle. Et cet apprentissage se poursuivra tout au long du primaire, un petit défi à la fois. Voici quelques idées pour aider notre enfant à se préparer.

On s'entraîne avant la rentrée !

Tous les parents d'un enfant qui entre à la maternelle éprouvent une certaine inquiétude et se demandent si leur petit est vraiment prêt à franchir cette étape, surtout si c'est leur premier enfant. Pour aider fiston à accroître son autonomie et sa motricité, on le prépare à relever certains défis.

Développer son autonomie

◆ On lui apprend à s'habiller seul, et ce, dans un laps de temps restreint.

◆ On le fait se pratiquer à monter sa fermeture éclair, avec la minuterie du four ou dans une course avec maman (la petite voiture dans la piste de course !).

◆ On lui apprend à enfiler seul sa salopette de neige, assis s'il le faut, le dos appuyé contre le mur.

◆ On lui montre à enfiler ses bottes sans aide. Pour qu'il puisse différencier les deux pieds, on fait une marque sur la botte droite.

◆ On joue avec lui à se déguiser, à plier des serviettes, à ouvrir ou à fermer des boîtes ou des sacs (Ziploc, sac d'école)...

Développer sa motricité globale

◆ On sort les ballons mous s'il a de la difficulté à attraper.

◆ On pratique avec lui son lancer – par exemple, en lançant une balle sur une cible.

◆ On s'amuse ensemble à sauter sur un pied ou par-dessus les lignes du trottoir.

◆ On prend d'assaut les parcs! On le fait grimper, se balancer, pousser avec les bras... On l'aide à développer son équilibre et sa force. Bref, on joint l'utile à l'agréable!

Développer sa motricité fine

Est-ce que notre enfant colorie sans dépasser? Est-ce qu'il tient bien son crayon? Si ce n'est pas le cas:

◆ On lui montre comment tenir son crayon, en «pinçant» ce dernier avec le pouce en bas et le majeur et l'index en haut. Le crayon sera appuyé dans l'espace interdigital, entre le pouce et l'index.

◆ On le fait colorier ou dessiner sur des surfaces verticales (tableau, feuille collée au mur...) pour s'assurer que son poignet a une bonne position. Certains enfants écrivent en fléchissant le poignet, ce qui est à proscrire.

◆ On se procure des cahiers pour pratiquer des tracés et des labyrinthes. Mais attention, on lui propose ces exercices avec modération. En somme, on ne lui fait pas faire sa maternelle avant le temps!

◆ On lui fait faire les dessins et les tracés dans le sens où on lit et où on écrit, c'est-à-dire de gauche à droite et de haut en bas. S'il a tendance à faire le contraire, on dessine avec lui de la pluie pour les fleurs (de haut en bas) et des routes pour les autos. Pour lui donner un repère gauche-droite, on fixe un point de départ et un point d'arrivée en rouge, comme des feux de circulation.

Comment lui montrer à nouer ses lacets ?

On s'arme de patience, car cet apprentissage est loin d'être évident. Il faudra à notre enfant beaucoup de pratique avant d'y parvenir, généralement vers l'âge de 5 ou 6 ans. Pour rendre cela plus agréable, on lui donne des explications sous forme de jeu, et on cesse dès qu'il montre des signes de lassitude ou de découragement. De plus, on se place dans le même sens que lui afin qu'il voie la technique à l'endroit.

Quelle méthode lui montrer ? La plus courante consiste à faire une boucle après l'autre (les fameuses oreilles de lapin). On fait d'abord un nœud simple. On forme ensuite une boucle avec la partie gauche du lacet. Ce sera la première oreille de lapin. Tout en serrant la boucle gauche entre le pouce et l'index de la main gauche, on ramène l'autre bout du lacet autour de l'aile et on en fait passer le milieu à travers le trou pour former une autre boucle. Voilà la deuxième oreille ! Il ne reste plus qu'à tirer sur les deux boucles pour les serrer. Une autre méthode consiste à faire un nœud simple, puis à former deux boucles en même temps et à les nouer ensemble. On choisit l'une des deux méthodes et on s'y tient ; sinon, on risque de mêler l'enfant.

DES ASTUCES DE PROFS
POUR DÉVELOPPER L'AUTONOMIE DES PETITS ET DES GRANDS

«Au début du primaire, il est important de faire prendre conscience aux élèves qu'ils sont responsables de leurs gestes et de leurs apprentissages. Les enseignants travaillent donc beaucoup sur l'autonomie. Mais pour atteindre cet objectif, nous avons besoin de l'aide des parents. Vous pouvez, par exemple, afficher l'horaire de classe dans la chambre de votre enfant. Il sera ainsi en mesure de préparer ce dont il a besoin pour le lendemain. Laissez-le faire son sac d'école seul. C'est à lui que revient la responsabilité d'y placer ses livres, ses cahiers et ses fournitures scolaires. Enfin, confiez-lui de petites tâches comme faire son lit tous les matins, choisir des collations santé, nourrir son animal domestique ou dresser la table. N'oubliez pas que lorsque vous faites à sa place ce que votre enfant est capable de faire lui-même, c'est un peu comme si vous lui disiez: "Tu n'es pas capable." Quand vous le responsabilisez, vous augmentez son estime de soi tout en favorisant son autonomie.»
— LIZANNE DUROCHER, enseignante au primaire

« Lors de la rencontre de parents, résistez à la tentation de faire le ménage du pupitre de votre trésor. C'est sa responsabilité. Écrivez-lui plutôt des petits mots d'encouragement sur des bouts de papier, que vous cacherez dans son pupitre et dans ses cahiers. Il les découvrira tout au long des prochains mois. » — DIANE MANSEAU, enseignante au primaire

« Lorsque l'enfant veut dessiner, bricoler, écrire une histoire ou créer, de quelque façon que ce soit, il doit d'abord penser à son concept et l'organiser. Selon ce qu'il aura planifié, il devra se procurer le bon matériel et organiser son espace de travail. Pour développer son autonomie, on peut l'accompagner dans ce processus ou encore souligner qu'il a su réaliser seul cette planification. Une belle réussite dans un contexte autre que celui d'une tâche imposée ! » — CATHERINE CYR, enseignante au préscolaire

« Votre enfant entame sa dernière année du primaire ? À 11 ou 12 ans, il est capable de préparer son lunch, de penser à réaliser ses travaux à temps et d'étudier en vue d'un examen. Il doit gérer son temps et s'autodiscipliner. Montrez-lui que vous avez confiance en ses capacités et laissez-le même se tromper de temps en temps. Quoi de mieux que d'apprendre de ses erreurs ? Toutefois, si vous voyez qu'il n'y arrive pas, aidez-le à s'organiser. Enfin, bien qu'il doive apprendre à devenir plus autonome, n'oubliez pas qu'il aime encore passer du temps avec vous. Mes élèves me disent souvent combien ils aiment faire des activités avec leurs parents. Ils sont grands, mais pas tant que ça ! »
— KARINE RILEY, enseignante au primaire

UN BRIN **D'ORGANISATION**

On est toujours à la course et on fait tout
à la dernière minute? On prend le temps de revoir
notre routine et de s'organiser pour bien commencer
la nouvelle année scolaire.

QUELQUES ASTUCES DE MAMANS POUR ALLÉGER LA ROUTINE MATINALE

Les matins ne sont pas toujours faciles, entre la petite qui refuse de se lever, le grand qui monopolise la salle de bains et les «je ne sais pas quoi mettre»! Voici les meilleurs trucs de mamans pour gagner du temps et commencer la journée du bon pied.

Tout le monde debout!

«Pour que mon fils coopère, je dois être détendue. Quand je vais le chercher dans son lit, je prends cinq minutes pour le coller et le bécoter. Ainsi, il se réveille en douceur et tout le reste est plus facile. Même lorsque le temps presse, je reste zen. Sinon, il se braque, et tout se gâte.» — EDITH

«Je me lève une heure avant tout le monde pour me préparer. Quand mes enfants se réveillent, j'ai tout mon temps pour m'occuper d'eux.» — NANCY

«Mon fils a son propre réveille-matin. Il est fier de l'utiliser comme un grand. De plus, ça développe son autonomie.» — JASMINE

La toilette du matin

«Je prends ma douche le soir. C'est autant de temps de gagné le matin!»
— MARIE-ÈVE

«Je réveille mes deux aînés l'un après l'autre, en commençant par ma fille. Quand elle a fait sa toilette et s'est habillée, c'est au tour de son frère de passer à la salle de bains. Ainsi, il n'y a pas de bousculade. Le soir, je sors la brosse à cheveux de ma fille, ses barrettes et ses autres accessoires. Le matin, tout est à portée de main.» — CAROLINE

«J'ai placé un marchepied devant le lavabo. Cela permet à mon fils d'être à la bonne hauteur pour se laver les mains et se brosser les dents seul.» — KATERINE

«Mon fils prend sa douche avec son papa. C'est un gain de temps et une économie d'eau chaude. De plus, les deux partagent un bon moment ensemble.»
— JASMINE

«J'ai placé une brosse à dents électrique avec têtes interchangeables sur le comptoir de la salle d'eau, à côté de la porte d'entrée. Tout le monde y passe avant de partir!» — SUZIE

Habillage sans chichis

«Le dimanche soir, je prépare les vêtements des filles pour la semaine. Le matin, il ne leur reste qu'à choisir l'ensemble qu'elles porteront ce jour-là. Ça évite beaucoup de discussions!» — SOPHIE

«Une règle: tous les membres de la famille doivent s'habiller avant d'aller prendre le petit-déjeuner.» — KATERINE

«Pour que mon plus jeune daigne s'habiller, je lui propose de faire la course avec son frère. Comme il veut gagner, il se dépêche.» — EMMANUELLE

«Mon fils a une douzaine de chandails, mais il ne veut en mettre que trois. Nous avons conclu une entente: il décide quoi porter un matin sur deux. L'autre jour, c'est son père ou moi qui décidons.» — KATERINE

«Quand mes enfants étaient plus jeunes, je disposais sur le même cintre des pantalons et des chandails qui s'agencent bien. Le matin, ils n'avaient qu'à choisir l'ensemble qu'ils désiraient porter.» — SANDRINE

Vive le travail d'équipe !

«Chaque enfant est responsable de faire son lit, de voir à son hygiène personnelle (brossage de dents, application de crème solaire), de préparer son sac
d'école et d'apporter ses collations.» — ISABELLE C.

**«Mes filles sont responsables de leurs articles. Pas question qu'elles
me reprochent d'avoir oublié de mettre des trucs dans leur sac. Elles
doivent donc s'assurer que leurs vêtements d'éducation physique sont
propres au moment voulu et que les papiers à signer sont vus à temps.»**
— BRIGITTE

«Le matin, chaque parent s'occupe de la routine du même enfant. Il n'y
a pas d'ambiguïté à savoir qui fait quoi. Du lever au départ pour la garderie, papa assume les soins de fiston et je fais de même pour bébé.»
— MARIE-ÈVE

«J'ai préparé des pictogrammes pour la routine de ma fille : s'habiller, faire son
lit, brosser ses cheveux, vérifier le contenu de son sac à dos, etc. Quand elle
a passé tous ses cartons, elle sait qu'elle est prête. C'est ludique et ça m'évite
de lui répéter ce qu'elle a à faire.» — ÉLAINE

**«Comme ma grande est hyperactive, elle jouait plutôt que de se pré-
parer. Je lui ai suggéré d'écrire ses tâches sur des papiers de couleur.
Sur le dernier, elle a écrit "jouer". Ensuite, nous avons décoré notre hor-
loge avec ces beaux papiers. Depuis, la routine se déroule à merveille
puisque les filles ont une récompense à la fin. Cette idée a amélioré
notre qualité de vie : fini les "dépêche-toi"!»** — NANCY

Fini les mauvaises surprises!

«Grâce à un calendrier familial aimanté sur le frigo, je vois en un coup d'œil les activités et les rendez-vous de tous les membres de la famille. J'y inscris aussi le menu des soupers de la semaine. Ainsi, si mon mari revient à la maison le premier, il peut commencer le souper.» — EMMANUELLE

«Je vide le sac à dos de mon fils le soir, jamais le matin. Ça évite les surprises de dernière minute, comme un message du prof auquel il faut répondre.» — SYLVIE

«Nous avons placé des boîtes en osier aux noms des enfants dans le vestibule. Les enfants y mettent leurs gants, leurs tuques, leurs casquettes, etc. Ils n'ont pas à chercher leurs choses le matin.» — NATHALIE

Télé : oui ou non ?

«J'ai installé une petite table et deux chaises d'enfants dans la véranda, pour que mes enfants puissent regarder la télévision en déjeunant. Pendant ce temps, mon conjoint et moi pouvons nous préparer dans le calme.» — JOSÉE L.

«Si mon fils refuse de venir à table parce qu'il regarde une émission, je lui propose de l'enregistrer. Ça fonctionne à tout coup!» — KATERINE

«C'est non, sauf si mes fils sont prêts avant moi. Dans ce cas, ils peuvent la regarder un peu.» — ISABELLE C.

«La télé est proscrite le matin. Nous écoutons plutôt la radio. C'est moins prenant.» — MÉLANIE

Prêts à partir !

«La minuterie du four est mon alliée matinale. Après sa routine, mon fils a le droit de jouer. Mais lorsque la minuterie sonne, il sait qu'il est temps de partir.»
— ISABELLE G.

«L'hiver, je dispose sur le plancher du salon l'habit de neige de mon fils et tous les accessoires dans l'ordre où ils doivent être enfilés.» — EDITH

«Ma voisine et moi partageons en alternance la surveillance des enfants qui prennent l'autobus. Les matins où c'est son tour, je dispose de quelques minutes de plus pour accomplir ma routine.» — SOPHIE

«Notre maison est trop près de l'école pour que nous profitions du transport par autobus, mais assez loin pour que le déplacement à pied gruge nos précieuses minutes matinales. Mon garçon et ma fille utilisent donc leur trottinette pour faire le trajet et accélérer la cadence. Et moi, je fais de la marche rapide à côté ! Une belle façon de gagner du temps et de faire un peu de cardio !» — ISABEL

L'agenda : un incontournable

Pour mieux s'organiser et éviter d'oublier les vêtements d'éducation physique ou la sortie scolaire de notre enfant, on a tout intérêt à utiliser un agenda. Qu'il soit sous forme de cahier, de calendrier ou d'agenda électronique, il suffit de trouver celui qui convient à notre famille !

L'agenda de poche : avec nous, partout

Le choix de prédilection de ceux et celles qui n'ont pas la fibre techno. On trouve rassurant de l'avoir toujours sous la main. On y note nos inspirations du moment dès qu'elles nous viennent en tête pour éviter de les oublier : les achats à faire, les dates importantes, les rendez-vous médicaux… Compact, il nous permet aussi de visualiser notre semaine d'un coup d'œil. Côté esthétique, on est gâté : il en existe pour tous les goûts. À ne pas oublier : un crayon accroché à l'agenda ou dans notre sac, disponible en tout temps !

Le calendrier, QG de la maison

Idéal pour les familles, il permet d'afficher en un lieu central les activités, rendez-vous et sorties de tout le monde. On choisit un modèle avec des carreaux assez grands pour y inscrire tout ce que la maisonnée a à l'horaire. Pour identifier rapidement ce qui concerne chacun des membres, on utilise un code de couleur : rouge pour Étienne, vert pour Camille, etc. L'affichage, généralement mensuel mais parfois hebdomadaire, permet de souligner les petits et grands événements, de garder en tête le menu de la semaine, etc. Un modèle pratique et écologique : le calendrier laminé effaçable à carreaux vierges. Pour en faire une halte pratico-pratique, on y ajoute un babillard, un tableau magnétique ou des paniers muraux où ranger les papiers importants (notes de l'école, calendrier d'activités sportives, etc.).

Les applis : espace virtuel, efficacité réelle

Avec la popularité grandissante des téléphones intelligents et des tablettes, les applications permettant d'inscrire, de modifier et de partager nos rendez-vous foisonnent, promettant même de mettre tout le monde au diapason en quelques clics. Offertes tant sur iPhone/iPod/iPad que sur Android et des plate-formes Web pour ordinateurs (chaque modèle est différent), elles regorgent de fonctions utiles, comme les rappels automatisés de rendez-vous, d'anniver-saires, de tâches, etc. Certaines applis permettent même de consulter l'emploi du temps de tous les membres de la famille et d'importer nos calendriers de travail ou de la maison (sur Outlook, Google ou Yahoo, par exemple). Le nombre de produits offerts est phénoménal, et il en apparaît de nouveaux tous les jours. On peut les magasiner sur l'App Store ou l'Android Market.

ET LES FOURNITURES
SCOLAIRES ?

On a reçu LA liste et on s'apprête à faire la tournée
des magasins pour en cocher tous les articles ? Avant
de se lancer, on prend le temps de se questionner
sur le type d'achats à privilégier pour plaire à la fois
à notre écolier… et à notre porte-monnaie.

Une rentrée plus économique, c'est possible?

Les vêtements, les fournitures scolaires, les frais afférents… La rentrée engendre inévitablement des dépenses importantes. Mais avec un peu d'efforts et de planification, on peut réaliser de bonnes économies.

Fin juin : on trie et on nettoie

«Dès la fin des classes, on fait le tri du matériel des enfants, recommande Olga Cherezova, conseillère budgétaire à l'ACEF de l'Est de Montréal. On repère les articles qui sont encore bons (stylos, règles, feuilles mobiles, cahiers à moitié vierges), on leur donne un coup de chiffon et on range le tout dans une boîte. Si on attend à la veille de la rentrée pour faire le ménage, il y a de fortes chances que le temps nous manque et qu'on décide d'acheter du neuf.» Idem pour le vieux sac d'école, la boîte à lunch un peu abîmée et les cartables défraîchis qu'on devra remplacer l'an prochain : on les nettoie et on les met de côté. Ils pourront servir pour commencer l'année. «À la mi ou à la fin septembre, ces articles font l'objet de soldes importants, particulièrement dans les magasins à grande surface, qui doivent liquider leur inventaire», note Olga Cherezova. On attend donc quelques semaines pour faire nos achats.

On s'informe sur les groupes d'achat

Certains parents mettent en place des groupes d'achat afin de bénéficier de prix réduits. Parfois, l'école offre également un service de coop. On se renseigne auprès de l'établissement scolaire et du comité de parents d'élèves.

On magasine !

Dès qu'on reçoit la liste des fournitures à acheter (certaines écoles la fournissent dès la fin juin), on commence à éplucher les circulaires et les sites Internet de divers détaillants. «Ça nous permet de nous familiariser avec les prix et de savoir ce qu'est réellement une aubaine, car certains soldes n'en sont pas vraiment», prévient Olga Cherezova. Certaines listes précisent où effectuer les achats. Or, il s'agit souvent de magasins spécialisés où les prix sont plus élevés qu'ailleurs. «Il peut être utile de s'y rendre pour voir à quoi ressemblent les articles qui nous sont inconnus, dit la conseillère budgétaire. On peut ensuite se les procurer pour moins cher dans des magasins à grande surface.»

On pense « deuxième vie »

L'achat de livres et d'articles scolaires usagés fait l'affaire de tous : l'acheteur réalise des économies, et le vendeur récupère une partie de sa mise. On vérifie donc auprès de la famille et des amis qui ont des enfants un peu plus âgés que les nôtres s'ils peuvent nous refiler leurs bouquins. On consulte aussi les sites Internet (lesacdecole.com, bourseauxlivres.ca, etc.) et les librairies qui se spécialisent dans la vente ou l'échange de manuels scolaires usagés, sans oublier les sites de petites annonces (Kijiji, LesPAC, Craigslist, etc.).

On résiste à Spiderman !

Fiston veut ABSOLUMENT ces coûteux cartables à l'effigie d'un superhéros (qui, évidemment, sera complètement dépassé l'an prochain) ? « On coupe la poire en deux : on lui propose des articles scolaires neutres qu'il pourra décorer à sa guise avec des autocollants de ses personnages préférés », propose Olga Cherezova.

On budgette (et on achète) à l'année

Pour amoindrir la facture de septembre, on épargne chaque mois une petite somme destinée à la vie scolaire. De plus, on surveille les soldes durant toute l'année afin de constituer une réserve d'articles essentiels (crayons, stylos, feuilles mobiles, cahiers, colle, etc.).

Choisir le bon sac d'école

En vue de la rentrée scolaire, on doit procurer un sac à dos à notre petit mousse. Comment dénicher, parmi la multitude d'articles offerts, celui qui ne causera pas de maux de dos? «Ces problèmes sont attribuables, entre autres, aux sacs à dos trop lourds transportés sur une seule épaule, dit Marie-Hélène Boivin, chiropraticienne. Ils forcent les muscles et la colonne vertébrale à compenser pour le poids réparti inégalement. Comme les jeunes sont en pleine croissance, une grande pression exercée sur leur dos peut entraîner une mauvaise posture, voire une déformation de la colonne vertébrale.»
Pour prévenir ces problèmes, l'Association des chiropraticiens du Québec recommande de respecter quelques règles de base.

◆ **Les matériaux.** On privilégie la toile, le cuir étant trop lourd. Pour la même raison, on évite les sacs à roulettes, dotés d'une armature. Sinon, on exige que l'enfant ne le porte jamais sur son dos. À noter: lorsque le sac est plein, son poids ne devrait pas dépasser 10% du poids de l'enfant du primaire et 15% de celui du jeune du secondaire. Par exemple, un écolier qui pèse 25 kg ne devrait jamais porter plus de 2,5 kg sur son dos.

◆ **Les bretelles et la ceinture.** On choisit un sac à bretelles ajustables et bien rembourrées (d'une largeur de 5 cm), muni d'une sangle aux hanches. Cette sangle aide à répartir le poids autour du bassin, lequel est plus fort que les épaules. De préférence, le sac doit aussi être équipé d'une sangle entre les bretelles, qui maintient celui-ci près du corps.

◆ **Le format.** Le sac à dos doit être adapté à la taille de l'enfant. On magasine donc avec ce dernier pour qu'il puisse essayer le sac, qui ne doit pas dépasser le haut de ses épaules ni le bas de ses hanches. Les bretelles doivent permettre aux bras de bouger librement. À retenir: il ne faut pas acheter un sac trop grand pour l'enfant sous prétexte qu'il pourra l'utiliser plusieurs années, car il pourrait se blesser.

◆ **La qualité.** On s'assure que les coutures des bretelles sont doubles. Il faut aussi veiller à ce que le sac soit rembourré dans le dos, ce qui empêchera, par exemple, le coin d'un cartable de s'enfoncer dans le dos de notre petit. On vérifie également si les fermetures sont robustes. Enfin, on choisit un sac lavable à la machine.

◆ **L'art de remplir le sac à dos.** On conseille de placer les objets lourds près du dos et au fond du sac, et ceux qui sont de forme irrégulière ou plus légers vers le haut, le plus loin possible du corps. De même, on ne met dans le sac que le strict nécessaire. On ne devrait pas y placer la boîte à lunch, pour éviter de le surcharger.

◆ **Un sac bien ajusté.** Il faut veiller à ce que les bretelles soient ajustées à la même hauteur. La sangle autour de la taille doit être suffisamment serrée autour des hanches. Si le sac à dos est bien ajusté, on devrait pouvoir glisser un doigt entre les bretelles et les épaules. Enfin, le sac ne doit pas venir frapper la tête de l'enfant lorsque celui-ci se penche vers l'avant.

Vigilance en tout temps

On vérifie régulièrement le contenu du sac à dos et on enlève tout objet inutile. Il faut aussi observer notre enfant : est-ce que sa démarche est laborieuse quand il porte le sac ? Est-il trop penché vers l'avant ou l'arrière ? Soutient-il son sac avec ses mains ? Si on répond oui à une de ces questions, il est fort possible que le sac soit trop lourd pour lui ou mal ajusté.

Son sac d'école pèse une tonne !

On a l'impression qu'il transporte chaque jour tout le contenu de son pupitre. On commence même à craindre pour son dos. Quelques conseils pour aider notre jeune à voyager un peu plus légèrement.

◆ On utilise un aide-mémoire. À l'aide de l'agenda des devoirs et leçons, on dresse avec lui, au début de la semaine, la liste des livres et cahiers qu'il devra apporter chaque jour à la maison. On la lui fait cocher, au besoin.

◆ On garde certaines fournitures en double à la maison : étui à crayons bien garni, feuilles, dictionnaires (français, bilingue), guide de conjugaison.

◆ Si on dispose d'un numériseur ou d'un photocopieur, on fait une copie des feuilles de leçons au début de la semaine. Les autres jours, notre enfant pourra laisser ses cartables à l'école.

4 façons d'identifier le matériel scolaire

On a tous les articles scolaires pour la rentrée des enfants ? Maintenant, il faut les identifier. Voici 4 façons de faire.

1 Le crayon permanent

Rien de plus simple ! Pour un brin de fantaisie, on se procure des crayons indélébiles de couleurs variées, aux pointes de différentes tailles. Pour les crayons de bois, on utilise la méthode classique : on enlève une fine couche de bois (avec un couteau) et on écrit directement sur l'entaille avec le crayon permanent ou même avec un stylo ordinaire.

Avantages

◆ Propre, facile à utiliser et peu coûteux.

◆ Efficace sur le tissu, le plastique, le papier et même le bois.

Inconvénient

◆ Temps de séchage nécessaire pour les surfaces en plastique
(pochette plastifiée, etc.). Sinon, on est quitte pour un beau gâchis !

2 Les autocollants en papier

On peut acheter des feuilles d'étiquettes autocollantes imprimables, qu'on glisse dans notre imprimante. On s'assure que la boîte porte la mention «pour imprimante laser» ou «pour imprimante à jet d'encre», selon le type d'appareil qu'on possède. Autre possibilité : utiliser des étiquettes blanches en rouleau ou des petites pages, sur lesquelles on écrit à la main ou on étampe le nom de notre enfant. On fait une provision d'étiquettes pour chaque enfant et on les garde sous la main pour les retouches au cours de l'année. On pense aussi à sauvegarder notre dossier «Étiquettes» dans notre ordi.

Avantages

◆ Efficaces même si le papier s'effrite sur le pourtour de l'étiquette.

◆ Adhèrent sur le papier, le bois et le plastique.

◆ Possibilité de créer des étiquettes distinctes pour chaque enfant.

Inconvénients

◆ Ne s'appliquent pas bien sur les tissus (étuis à crayons, tabliers, etc.).

◆ Nécessitent une préparation plus longue (créer le document sur l'ordinateur et l'imprimer, ou écrire à la main les étiquettes).

On télécharge les étiquettes de Coup de pouce sur coupdepouce.com/ telechargement.

3 Les étiquettes en vinyle à l'étiqueteuse

Acheter une étiqueteuse peut être un investissement intéressant si on compte l'utiliser pour identifier d'autres objets dans la maison (CD-ROM, albums photos, plats dans le garde-manger, etc.). Si on veut économiser, on peut aussi se partager l'achat entre plusieurs familles. Attention, toutefois : il faut parfois se procurer l'adaptateur nécessaire en plus de la machine. On doit aussi songer à acheter des cartouches de ruban et d'encre.

Avantages

◆ Très propres, très résistantes et rapides à faire.

Inconvénients

◆ Plus coûteuses.

◆ Ne s'appliquent pas bien sur les tissus (étuis à crayons, tabliers, etc.).

4 Les ensembles d'étiquettes faits sur mesure

Une foule d'entreprises proposent aujourd'hui des ensembles d'autocollants en vinyle, en papier ou même thermocollants (pour les vêtements).

Avantages

◆ Très résistants.

◆ Possibilité d'y ajouter des dessins, ce qui peut être utile quand notre enfant ne sait pas encore lire.

◆ Formats adaptés aux produits à identifier : les étiquettes pour les cahiers sont plus grandes, celles pour les crayons sont très minces et celles pour les vêtements peuvent être cousues ou appliquées avec un fer chaud.

Inconvénients

◆ Plus coûteux.

◆ Nécessitent de s'y prendre à l'avance, car les délais avant d'obtenir notre commande peuvent être importants, surtout à la fin de l'été.

PARENTS SÉPARÉS :
ON FAIT COMMENT ?

La séparation est récente ? Notre enfant passe
une semaine sur deux chez l'autre parent ?
Papa et maman se relaient à la maison ? Comment faire
pour garder le fil, ne rien manquer de sa vie scolaire
et lui démontrer de l'intérêt ?

Mon enfant vit difficilement notre séparation. Qui le soutiendra à la rentrée ?

C'est un dur coup pour notre enfant. Depuis notre séparation récente, il est turbulent et éprouve des difficultés à se concentrer.

Or, en ce début d'année scolaire où tout, ou presque, est nouveau, on craint que ses résultats n'en pâtissent… « C'est tout à fait normal qu'il réagisse fortement à un événement de cette importance, explique Robert Pelletier, vice-président de l'Association québécoise des psychologues scolaires. L'enfant n'est pas différent d'un adulte déprimé qui fait des erreurs au travail. Il faut lui laisser du temps pour qu'il fasse son deuil et s'adapte à sa nouvelle situation. Tout cela ne se règle pas en deux ou trois semaines. »

Robert Pelletier met en garde les parents qui ont des attentes élevées et qui insisteraient pour que leur enfant se ressaisisse rapidement. « Dans ces circonstances, lui mettre de la pression ne le fera pas réussir, indique le spécialiste. Mieux vaut lui faire voir les moments agréables. "À quel moment as-tu eu du plaisir, aujourd'hui ?" Car l'école, c'est aussi les récréations et les travaux d'équipe avec nos meilleurs amis. Ça ne se résume pas strictement aux examens et aux résultats. »

Qui peut l'aider?

La première ressource pour aider notre enfant n'est pas l'école : c'est nous. «Un enfant qui vit une telle épreuve a essentiellement besoin de passer du temps avec son père et avec sa mère, insiste Robert Pelletier. Ces derniers doivent s'ancrer dans le moment présent avec lui, et non lui consacrer quelques minutes à la course, entre deux tâches. C'est prenant, mais c'est de loin la meilleure chose à faire.»

Son chagrin s'amplifie et perdure, et on peine à composer avec cette situation? Le psychologue recommande alors de s'adreoocer à notre CLSC. «Tous les CSSS ont des programmes enfance-jeunesse-famille. Les parents y trouveront une aide appropriée.»

L'école dispose-t-elle tout de même de ressources pour aider notre enfant? «Les spécialistes qui y travaillent agissent souvent à titre d'intervenants de douxième ligne, précise Robert Pelletier. Comme psychologue scolaire, mon objectif consiste à guider les enseignants afin qu'ils puissent répondre aux besoins des enfants aux prises avec divers problèmes, et ce, dans le but de favoriser la réussite scolaire des jeunes. Dans de très rares cas, je m'occuperai directement d'un élève qui éprouve de lourds problèmes d'apprentissage. L'impact qu'un enseignant – qui côtoie les élèves 25 heures par semaine – peut avoir sur un enfant en l'écoutant et en le serrant dans ses bras est infiniment plus grand que le mien. Mais il reste que son rôle est d'enseigner, pas de guérir l'enfant d'un chagrin, si grand soit-il.»

Qui sera présent le jour de la rentrée scolaire ? Papa ou maman ?

C'est la première rentrée de notre fille depuis notre séparation. Qui devrait l'accompagner pour son premier jour d'école ? Papa, maman, ou les deux ?

« Les enfants vivent la rentrée différemment selon leur âge, soulève Isabelle Tremblay, psychologue au CHU Sainte-Justine. S'il est significatif pour le jeune enfant d'être accompagné de son ou de ses parents le premier jour d'école, l'élève de cinquième année, lui, se préoccupe bien davantage des retrouvailles avec ses amis. »

Si on entretient une bonne relation avec le père ou la mère de notre enfant, on peut l'inviter à se joindre à nous pour cette journée spéciale. Si toutefois on craint un crêpage de chignon, mieux vaut y aller solo ou laisser l'autre parent accompagner notre enfant, pour ne pas soumettre ce dernier à un stress supplémentaire.

On ne peut y être…

On explique à notre enfant les raisons de notre absence. « On peut témoigner notre soutien à notre jeune de diverses façons : en glissant un petit mot dans sa boîte à lunch, par exemple, ou en cuisinant un repas spécial pour le souper, suggère Isabelle Tremblay. On peut aussi demander à notre fille comment elle aimerait qu'on souligne cette journée particulière. Le plus important reste de prendre du temps avec elle AVANT le grand jour, pour l'écouter, lui demander comment elle se sent et la rassurer au besoin. Cela vaut aussi pour les plus vieux : qui n'a pas entendu d'histoires intimidantes sur les "durs à cuire" de sixième année ? »

Déléguer notre nouveau conjoint, une bonne idée?

«Si cette personne partage notre vie depuis un certain temps, qu'elle représente une figure importante pour notre enfant (par exemple, notre fille
va-t-elle chercher du réconfort auprès de notre conjoint ou conjointe
lorsqu'elle se fait mal ou qu'elle se sent triste?) et que les deux s'entendent
bien, pourquoi pas? dit la psychologue. Mais autrement, ce n'est peut-être pas
une bonne idée. Il est préférable que la fillette soit accompagnée d'un adulte
en qui elle a confiance, car, si elle n'est pas habituée à l'école, elle pourrait
avoir besoin d'être rassurée.»

S'entendre sur la gestion des affaires scolaires

Lorsqu'ils se sont séparés, les parents d'Anabelle, 9 ans, et de JolyAnn, 7 ans, ont demandé à l'école de recevoir deux copies des bulletins et des documents importants. Quant aux formulaires d'autorisation, c'est le parent qui a la garde des filles la semaine où aura lieu l'activité qui s'en occupe. «Si ce n'est pas ma semaine, j'écris "papa" sur le formulaire et je le remets dans le sac d'école en disant aux filles de le montrer à leur père, dit Nancy, la maman. Lorsqu'une réponse rapide est requise, j'appelle mon ex-conjoint pour lui dire de quoi il s'agit et je réponds à sa place.»

Claudette Guilmaine, travailleuse sociale, médiatrice familiale et auteure de *Vivre une garde partagée*, propose pour sa part de tenir un cahier parental. Il peut s'agir d'un cahier à anneaux ou d'un cahier ligné muni de pochettes où l'on insère formulaires à remplir, lettres de la direction, invitations à des anniversaires, etc. «On y note aussi tout ce que l'autre parent doit savoir, comme les bons coups de l'enfant, ses difficultés, un résumé d'une conversation qu'on a eue avec son professeur, bref, tout ce qui se passe de marquant, explique-t-elle. Ce cahier, qui accompagne l'enfant d'un domicile à l'autre, aide à assurer une continuité parentale.» Cette communication entre les ex-conjoints à propos de l'école est d'autant plus importante qu'elle influence le rendement scolaire et la motivation de l'enfant, ajoute la travailleuse sociale.

On a la garde complète et notre enfant ne voit l'autre parent qu'un week-end sur deux? Claudette Guilmaine suggère que notre jeune apporte tout de même son sac d'école chez celui-ci. «Idéalement, l'autre parent doit jeter un œil sur les travaux scolaires de son enfant, faire un peu de révision avec lui ou superviser un ou deux devoirs. Il lui envoie ainsi le message qu'il accorde de l'importance à sa réussite scolaire même s'il n'est pas présent au quotidien.»

Papa et maman n'ont pas les mêmes exigences

Étant donné notre séparation récente, on appréhende un peu la rentrée cette année. Est-ce que notre ex, plus laxiste que nous en fait de discipline et de travaux scolaires, saura bien encadrer notre petit écolier? Qu'on se rassure: «La stabilité est certes importante pour les enfants, mais il faut faire confiance à leur très grande capacité d'adaptation, explique Sophie Drapeau, psychologue. La plupart d'entre eux composent bien avec deux styles d'éducation différents, à condition, et c'est de loin le plus important, que les parents ne se discréditent pas l'un l'autre. Si l'enfant constate que ses parents ne parviennent pas à s'entendre, il pourrait se sentir en situation de conflit de loyauté et en souffrir.»

Avant la rentrée, on s'assoit donc avec notre ex pour s'entendre sur le message à communiquer à notre enfant («Papa et maman t'aiment, ont à cœur ta réussite scolaire et sont là pour te soutenir»). «Puis, on lâche prise et on laisse les choses aller durant quelque temps, suggère Sophie Drapeau. Même si les routines diffèrent, ça peut fonctionner rondement.» Après six ou sept semaines, on rencontre ensemble le professeur de notre enfant pour une évaluation. Tout va bien? On ne touche à rien. Si l'enseignant nous fait part d'un problème («Il est fatigué et cela nuit à son apprentissage»), on réajuste le tir dans le meilleur intérêt de notre petit (notre ex devancera l'heure du coucher, et nous, on réduira le nombre d'activités en soirée). «Il importe que les décisions importantes soient prises et, idéalement, communiquées à l'enfant conjointement, afin que celui-ci entende la même chose de part et d'autre, insiste Sophie Drapeau. Si on ne parvient pas à s'entendre sur les mesures à adopter, on consulte un psychologue-médiateur.» Enfin, Sophie Drapeau recommande aux parents d'assister tous les deux aux rencontres avec l'enseignant: «Père et mère recueillent ainsi le même son de cloche, émis par une personne neutre de surcroît. Autrement, on voit souvent le parent plus encadrant qui se rend seul à ces rencontres, puis qui reproche à son ex-conjoint ses façons de faire. Ce dernier se braque et n'en fait qu'à sa tête. Cela envenime les relations.»

{2}

C'EST L'HEURE
DES DEVOIRS
ET DES LEÇONS

Ils existent pour consolider les acquis de nos enfants, approfondir leurs connaissances et les responsabiliser ; mais les devoirs et les leçons ont rarement la cote auprès des petits et de leurs parents. Comment rendre ces obligations plus agréables et efficaces ? Quelques suggestions pour réunir les conditions gagnantes.

ON AMÉNAGE
UN ENDROIT PROPICE

Le coin devoirs idéal est un lieu calme qui permet à l'enfant de bien se concentrer afin de favoriser son apprentissage scolaire. Voici quelques conseils pour bien aménager l'espace.

L'abc du coin devoirs

Si on donnait le choix à nos enfants, ils seraient nombreux à faire leurs devoirs couchés par terre en face de la télévision ou dans leur lit, les écouteurs sur les oreilles! Il est donc primordial comme parents d'établir de saines habitudes tôt dans la vie de nos jeunes écoliers.

L'endroit idéal

◆ **La table de cuisine.** Généralement très spacieuse, elle permet au parent d'être à proximité du jeune enfant qui a besoin de soutien et d'encouragement. On s'assure toutefois d'éliminer toutes les sources de distraction: télévision, radio, parent qui prépare le souper, etc. Si la famille compte plus d'un enfant, il vaut mieux déterminer une période d'étude pour chacun; sinon, les rigolades risquent de perturber la séance! Si on peut, on installe une petite bibliothèque près de la table ou on utilise une partie du buffet pour y ranger les fournitures scolaires de l'enfant (crayons, dictionnaires, grammaire et autres). Sinon, on crée un «panier scolaire» portatif que l'enfant peut déposer sur la table de cuisine lors de la période des devoirs.

◆ **Dans la chambre à coucher.** Le coin devoirs dans la chambre de l'enfant représente un excellent choix à long terme, car il procure la quiétude nécessaire et permet à Junior de faire ses devoirs d'une façon autonome. On peut facilement l'aménager en installant une table de travail ou un bureau et une chaise. La chambre est trop petite? On utilise alors une chaise pliante et on fixe une table à rabat au mur. On peut également transformer un garde-robe: on enlève la porte et on y installe une surface plane avec quelques tablettes.

◆ **Autres options.** Il est possible d'utiliser une bibliothèque multifonctionnelle, qu'on installe dans la salle familiale ou dans la chambre d'amis. Lorsque les portes du meuble sont ouvertes, une table coulissante permet à l'enfant d'y faire ses devoirs. L'option «salle familiale» requiert toutefois plus de vigilance de notre part: on doit s'assurer que la télévision ou les jeux vidéo demeurent éteints pendant la période consacrée aux devoirs.

Le choix du mobilier

◆ Il doit être confortable et adapté à notre enfant. Idéalement, la table ou le bureau arrivera à sa taille lorsqu'il est assis. La surface est trop haute ? Un oreiller glissé sous les fesses de notre écolier devrait régler le problème.

◆ Lorsque l'enfant est assis sur sa chaise, ses pieds doivent toucher le sol. Une chaise réglable permettra un meilleur ajustement. Sinon, on opte pour un repose-pieds ou une boîte solide.

◆ On privilégie une surface de travail spacieuse, qui offre à notre petit l'espace nécessaire pour travailler et y déposer tout le matériel requis (livres, cahiers, crayons, etc.). On s'assure également que la surface est facile à nettoyer.

L'éclairage

Le coin devoirs doit être bien éclairé. Pour ce faire, on ajoute une petite lampe d'appoint : le luminaire de la cuisine ou le plafonnier de la chambre à coucher ne suffisent pas. Il est important de placer cette lampe du côté opposé à la main qui écrit, afin de ne pas créer d'ombrage sur la surface de travail. Pour la même raison, on évite aussi de placer l'éclairage dans le dos de l'enfant. Avec un jeune enfant, on évite les lampes halogènes : elles génèrent assez de chaleur pour le brûler s'il touche au globe.

Un espace de rangement additionnel

S'installer à son coin devoirs est beaucoup plus motivant pour l'écolier s'il n'a pas à faire le ménage de son aire de travail avant de commencer ! Si l'espace le permet, on ajoute donc une bibliothèque ou un système de rangement sur roulettes à proximité de la table. Cela lui permettra d'y ranger ses nombreux articles scolaires et évitera d'encombrer sa surface de travail. Dans un espace plus restreint, on opte pour des tablettes fixées au-dessus de la surface de travail, en s'assurant qu'elles sont faciles d'accès pour l'enfant.

Les petites touches personnelles

Utilisé sur une base quotidienne, le coin devoirs doit être invitant pour notre enfant. Par exemple, un tableau de liège pourrait lui permettre d'exposer ses nombreuses œuvres d'art ou ses plus belles photos. Une autre idée ? Pour organiser soigneusement son matériel scolaire, on utilise des récipients de couleur bien identifiés ou des contenants transparents. Tout doit être à portée de main, sans créer de fouillis. Un calendrier ou un tableau magnétique fixé au mur près de l'espace de travail lui permettra de mieux s'organiser en notant ses échéanciers scolaires et les événements importants. Si le coin devoirs est agréable, et si on tient compte des idées de notre enfant dans sa conception, il aura davantage de plaisir à s'y asseoir tous les jours et il sera plus motivé à faire ses devoirs.

LE MEILLEUR MOMENT,
C'EST QUAND?

Lorsqu'il rentre de l'école, notre enfant a envie de jouer ou
de se détendre devant la télévision. Nous, on aimerait bien
expédier les devoirs et les leçons le plus rapidement possible !
Quelle est la formule idéale ?

Devoirs et leçons : quand mon enfant devrait-il les faire ?

Notre fillette rentre de l'école, mais sa journée scolaire n'est pas terminée : il y a les devoirs et les leçons…

«Au premier cycle du primaire, l'enfant ne devrait pas avoir plus de 10 ou 20 minutes de devoirs et leçons par soir, dit Jacynthe Boyer, psychoéducatrice. Cela vise à consolider les apprentissages de la journée et à établir de bonnes habitudes de travail.» C'est bien beau, mais encore faut-il trouver le bon moment, dans notre vie familiale chargée, pour replonger le nez dans les livres !

Si notre horaire le permet, on peut consacrer un moment aux devoirs le matin, avant de quitter la maison. Si ce n'est pas le cas, il faudra s'y atteler au retour du boulot, en début de soirée, ou encore la fin de semaine. «Si on doit faire ça un samedi ou un dimanche, on n'y passe pas trois heures, met en garde Jacynthe Boyer. Cela ne nous avancerait à rien. Le week-end doit rester une plage de plaisir, de plein air et d'activités positives.»

S'il faut tenir compte du moment où notre enfant semble le mieux disposé, notre propre état d'esprit joue tout autant. «Au premier cycle du primaire, le parent doit accompagner l'enfant dans ses travaux, soutient la psychoéducatrice. Il doit donc être calme et réceptif.

Pour favoriser l'apprentissage

On accorde d'abord une période de 30 minutes de jeu ou de télévision à l'enfant pour lui permettre de se défouler ou de se changer les idées. Jacynthe Boyer suggère de consacrer ensuite une dizaine de minutes à un casse-tête, à un mot mystère ou à un sudoku pour favoriser l'éveil cognitif. L'enfant devient alors plus disponible. Puis, on enchaîne avec les exercices. Si notre fille semble peu motivée et peine à se concentrer, on peut diviser la période de devoirs en petites séances de 10 minutes.

On introduit aussi un brin de ludisme dans l'opération. «On n'est pas obligé de rester à table pour les leçons, on peut permettre à l'enfant de bouger, suggère Jacynthe Boyer. Des études affirment que plus on combine de sens, plus on apprend. Par exemple, si je fais appel à un seul sens – je lis, assise à mon bureau –, j'apprends à 10%. Si je fais appel à trois sens – je lis à voix haute en marchant – j'apprends à 90%.» Rien n'y fait? «On se concentre alors sur la lecture, recommande Jacynthe Boyer. C'est vraiment cela qui fait la différence au primaire.»

6 MAMANS
ONT TROUVÉ LA FORMULE
QUI LEUR CONVIENT

« Ma fille tombe de sommeil très tôt en soirée. Je préfère donc me lever avec elle une demi-heure plus tôt les jours de semaine pour qu'elle fasse ses devoirs et ses leçons alors qu'elle est attentive. Puisqu'elle est en 2ᵉ année et que la quantité de devoirs n'est pas encore trop imposante, on a le temps de faire le tour, et la matière est toute fraîche dans sa tête ! » — HÉLÈNE

«Après l'école, je laisse jouer mes filles une trentaine de minutes qu'elles décompressent. Ensuite, elles sont assez réceptives pour fa leurs devoirs. Nous avons essayé en soirée, mais elles étaient trop fa guées, ce qui se traduisait par un refus de collaborer.» — JULIE

«Enfant, j'aimais faire mes devoirs en arrivant de l'école. J'ai reprodu ce modèle avec ma fille... jusqu'à ce que je me rende compte qu'ell avait besoin de s'amuser avant de plonger dans ses devoirs. J'ai mis trois ans à comprendre! Ma fille est plus efficace après avoir soupé. C'est à moi de m'adapter.» — NADINE

«Nous recevons la liste des devoirs et des leçons le vendredi pour la semaine suivante. Mes enfants font leurs travaux scolaires le samedi ou le dimanche matin, au moment où ils sont en forme. Pour ma fille, qui a un trouble de déficit de l'attention, c'est l'idéal, car elle prend son médicament le matin. Elle est alors plus attentive et concentrée.» — JOSÉE

«Au retour de l'école, mon enfant récite ses leçons en jouant dehors – il saute, il se balance, il frappe dans un ballon. Après le souper, il est plus calme pour faire ses devoirs.» — CATHERINE

«Ma fille fait ses devoirs les matins de week-end, ce qui allège notre train-train la semaine. Pour les leçons, nous nous gardons un temps avant le coucher, juste toutes les deux dans sa chambre. Pendant le trajet vers l'école, j'en profite pour lui faire épeler des mots et réciter ses tables de multiplication.» — JOYCE

AU BOULOT !

Quand nos enfants s'y mettent, on veut tirer le maximum de la période des devoirs et des leçons, sans distraction ni crise. Mission possible ? Certainement ! Des profs et des parents nous donnent leurs meilleurs trucs pour y arriver.

Gérer les devoirs efficacement

On se décourage rien que d'y penser? Voici des trucs de parents et des conseils de spécialistes pour que la période des devoirs et des leçons se déroule bien.

« Mon enfant hait les devoirs »

Qu'il préfère jouer plutôt que de mettre le nez dans ses livres, ça se comprend. Mais avant de conclure que c'est un cas désespéré, on se questionne sur les raisons possibles.

◆ Est-ce qu'on met trop de pression sur ses épaules? Dans ce cas, on réévalue nos attentes et on mise plutôt sur les encouragements.

◆ Ça se termine toujours en chicane? «Pour conserver notre calme, on s'imagine aider un enfant qui n'est pas le nôtre, conseille Louise St-Pierre, auteure et conférencière sur les stratégies de motivation et d'aide aux devoirs. Est-ce qu'on perdrait patience? Est-ce qu'on se permettrait de crier?» Sinon, on peut demander à notre conjoint de prendre la relève. Avec une approche et une attitude différente, il est possible que notre enfant soit plus réceptif.

◆ Est-ce le bon moment? (Voir *Devoirs et leçons : quand mon enfant devrait-il les faire?*, p. 61).

◆ Est-ce qu'on déteste ça nous aussi? Une phrase comme «Viens faire tes devoirs, qu'on en finisse…» transmet un message négatif. Notre attitude peut faire toute la différence, selon Louise St-Pierre. «Si on considère les devoirs comme une corvée et qu'on le fait sentir à l'enfant, il ressentira la même chose.» Bref, on fait attention à nos paroles et au ton qu'on emploie.

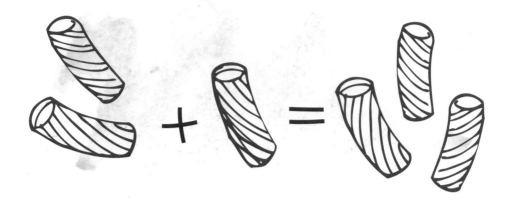

Pour égayer les devoirs et leçons

«Quand mon fils a commencé à apprendre les multiplications, j'ai utilisé des pâtes sèches. Il a trouvé cela très drôle.» — GENEVIÈVE

D'autres idées: blocs, dés, pailles, bâtons de popsicle, petites voitures, jetons, pépites de chocolat…

«J'invente des problèmes de maths où il est le personnage principal et j'écris des histoires drôles pour réviser les notions de grammaire. Et chaque soir, nous nous installons en famille dans le lit des parents pour 15 minutes de lecture.» — SANDRINE

«Parfois, je fais exprès de me tromper pour qu'elle repère l'erreur. Elle adore me prendre en défaut!» — WENDY

«Il écrit ses mots de vocabulaire à l'ordinateur.» — NATHALIE

«On se procure un tableau et on le fait jouer à l'enseignant: il nous explique ce qu'il a appris, et on lui pose des questions.» — LOUISE ST-PIERRE

« Il met un temps fou à faire ses devoirs »

Au 1er cycle du primaire, l'enfant devrait consacrer de 20 à 30 minutes aux devoirs et leçons ; au 2e cycle, environ 45 minutes ; et au 3e cycle, de 45 à 60 minutes. C'est plus long ? On l'éloigne de ce qui peut nuire à sa concentration ou le distraire : télévision, radio, ordinateur, lave-vaisselle… « Certains enfants, en particulier ceux qui ont la bougeotte, n'arrivent pas à se concentrer quand il y a des bruits de fond, note Louise St-Pierre. Ils ont besoin d'un environnement calme, loin de la petite sœur qui court partout. » Pour ces enfants, la cuisine n'est pas l'endroit idéal. On s'assure par ailleurs que notre écolier a tout son matériel à portée de main. Cela évite qu'il ne se lève à tout bout de champ pour aller chercher une gomme à effacer, un dictionnaire, et qu'il en profite pour parler à son frère, jeter un œil dehors, etc. Il se peut également qu'il perde du temps parce que la somme des tâches à accomplir lui apparaît comme une montagne. Élysabeth, maman de Maeva, 9 ans, a trouvé une solution : répartir le travail sur de petites périodes. « Elle fait une tâche, puis elle joue 15 minutes, une autre tâche, elle rejoue, et ainsi de suite. » « Évidemment, ce sera plus long avant de ranger le sac d'école, admet Dominique Lussier, enseignante. Mais ça évite à certains enfants de se décourager. » Variante : quand la période des devoirs s'éternise, on arrête tout et on fait sauter, danser ou courir l'enfant pendant 5 minutes. « Le fait de bouger oxygène le cerveau, ce qui peut insuffler l'énergie nécessaire pour continuer », dit Louise St-Pierre.

Pour accélérer la cadence

« Mon fils avait l'habitude de travailler sur l'ordinateur et de clavarder en même temps. Ça lui prenait des heures pour faire ses devoirs, et il s'en plaignait. J'ai établi une règle : il peut clavarder uniquement quand ses travaux sont terminés. » — MANON

« Il biffe chaque tâche qu'il termine. Cela l'encourage de constater qu'il progresse. » — GENEVIÈVE

« Je m'assure qu'il n'y a que du matériel scolaire sur son bureau. Sinon, il a tendance à jouer plutôt qu'à étudier. » — SANDRINE

«Ses devoirs sont bourrés de fautes»

Faut-il les corriger? La plupart des enseignants disent que non, les erreurs leur permettant d'identifier les difficultés de l'enfant. Mais dans la réalité, les choses peuvent se passer autrement. Ainsi, les devoirs sont souvent corrigés en groupe. L'enseignant s'assure que chacun les a faits, mais ne les regarde pas en détail. Ce sont les tests et les examens, davantage que les devoirs, qui lui permettent de vérifier la compréhension de ses élèves. La meilleure stratégie, c'est d'inciter notre enfant à trouver et à corriger lui-même ses fautes. On lui demande de se relire attentivement. Ou encore, on lui donne des indices: «Il y a des erreurs dans la première page», «As-tu bien révisé les accords au pluriel?», etc. S'il reste deux ou trois erreurs, ce n'est pas grave. On ne s'acharne pas pour que ce soit parfait, surtout si l'enfant a passé beaucoup de temps sur son devoir. Sinon, on risque de le démotiver. Et, évidemment, on évite de corriger les erreurs à sa place: il n'apprendrait strictement rien.

Par ailleurs, il se peut que notre enfant fasse plein d'erreurs parce qu'il souhaite en finir au plus vite. Quelques trucs pour corriger le tir.

Pour s'assurer que les devoirs sont bien faits

«Je règle la minuterie du four à 30 minutes et j'exige qu'ils consacrent cette période aux devoirs. Quand elle sonne, ils peuvent aller s'amuser.» — SOPHIE

Autre idée : si notre enfant termine avant, on lui demande de lire pendant le temps qu'il reste.

«Si ses devoirs sont bâclés, on exige qu'il les recommence. Et bien sûr, on le félicite quand il travaille bien !» — MARIE-ÈVE THIBAULT, enseignante

«Avec ma fille, le tableau de renforcement fonctionne bien. Quand ça s'est bien passé pendant une semaine, elle a droit à un privilège comme inviter une amie à coucher ou louer un film.» — WENDY

«Pas de jeux vidéo en semaine, sauf les vendredis ! C'est moins tentant de se débarrasser des devoirs pour aller jouer.» — DIANE

«On manque de temps»

De plus en plus d'enseignants remettent le vendredi la liste des devoirs et leçons à faire la semaine suivante. Une bénédiction pour les familles dont les deux parents travaillent à l'extérieur. «Mon fils fait ses devoirs le week-end, dit Nathalie. La semaine, il ne reste que les leçons. Ça allège beaucoup notre horaire.» Si l'enseignant de notre enfant n'a pas adopté cette pratique, on peut la lui proposer. Il n'est pas tenu d'accepter, mais on ne perd rien à essayer. On peut aussi inscrire notre enfant à l'aide aux devoirs, si c'est offert à l'école. À moins qu'on n'embauche une ado du voisinage pour superviser les devoirs, ou même qu'on recrute le grand frère? «L'important, c'est qu'on continue de regarder les devoirs faits et qu'on s'intéresse à ce que l'enfant apprend», dit Dominique Lussier, enseignante. Enfin, on réfléchit à nos priorités. Si on manque de temps parce que notre jeune fait de la natation le lundi, du piano le mardi, du hockey le mercredi, etc., il faudra peut-être se résoudre à renoncer à certaines activités…

Pour gagner quelques minutes

«Pendant le trajet vers l'école, je fais réciter à mon fils ses verbes et ses tables de multiplication. Il m'arrive également de les lui demander pendant le souper. Souvent, ses deux frères lui posent aussi des questions, et ça se transforme en un jeu. Il coopère bien, pourvu que ça n'occupe pas tout le repas.» — NATHALIE

Autre idée : pourquoi pas dans le bain?

«Je profite du fait que mon fils mange à la maison le midi pour lui faire réviser certaines leçons.» — SANDRINE

«On écrit sur des petits cartons les mots de vocabulaire, les additions, les divisions, etc., et on les colle près du lavabo de la salle de bains. Ainsi, l'enfant les voit en se brossant les dents.» — SONIA OUELLET, enseignante

Il a tendance à oublier du matériel à l'école?

Quelques trucs pour l'aider

◆ On recourt aux aide-mémoire. S'il reçoit son plan de travail à l'avance, on lui fait noter dans son agenda, pour chaque jour de la semaine, les livres, cahiers et cartables à apporter à la maison. Et on lui fait coller dans son pupitre ou son casier la phrase suivante en gros caractères : « Avant de quitter l'école, je vérifie toujours si j'ai tout ce qu'il faut pour mes devoirs et leçons ! »

◆ On prévoit une pochette en plastique qu'il apportera chaque soir, dans laquelle il glissera les formulaires à signer et les communications de l'école.

◆ Pour éviter qu'il n'oublie des choses à la maison, on lui fait préparer son sac d'école la veille.

◆ On affiche l'horaire des cours spécialisés sur le frigo. Il verra ainsi en un coup d'œil les jours où il doit glisser dans son sac ses vêtements d'éducation physique ou son devoir d'anglais.

◆ S'il oublie un devoir à l'école, on lui prépare des exercices ou on lui fait réviser ses leçons plus longtemps au lieu de lui permettre de jouer. Ses oublis ne doivent pas lui procurer un avantage.

◆ On le félicite chaque fois qu'il revient de l'école avec tout son matériel.

PARENTS :
ON AIDE OU PAS ?

On aimerait aider notre enfant, mais la matière est assez
loin dans notre mémoire et les méthodes ont beaucoup
changé depuis notre passage sur les bancs d'école…
Jusqu'où doit-on aller pour épauler notre enfant ?

Il m'appelle constamment à l'aide!

En 1re et en 2e année, l'enfant a besoin d'être accompagné. On reste donc à proximité pour intervenir au besoin. Par la suite, on favorise son autonomie le plus possible. «On s'assure qu'il sait ce qu'il a à faire et qu'il comprend la matière, dit Marie-Ève Thibault, enseignante. Pour cela, on lui pose des questions: "Quelle est la consigne? Peux-tu me la répéter dans tes propres mots? As-tu déjà fait un exercice semblable?"» Il n'a pas sitôt commencé qu'il nous appelle à l'aide? Avant de se lancer dans un cours sur les soustractions avec des retenues, on lui demande de répéter les explications de son enseignante, de réfléchir à voix haute sur les étapes de résolution du problème, ou d'expliquer ce qu'il a compris.

Je voudrais l'aider, mais je n'y comprends rien

«Ce n'est pas grave. C'est même une bonne nouvelle, car à vouloir trop l'aider, on peut lui nuire», explique Marie-Claude Béliveau, orthopédagogue et psychoéducatrice au CHU Sainte-Justine, et auteure de *Au retour de l'école… la place des parents dans l'apprentissage scolaire*. «En effet, on ne favorise pas son autonomie et on risque de lui donner des stratégies qui ne sont peut-être pas adaptées à sa façon d'apprendre.» Sans compter qu'on risque de le mêler avec un vocabulaire et des méthodes qui n'ont plus cours aujourd'hui. De plus, notre rôle n'est pas d'être un prof substitut, mais plutôt d'encourager, de valoriser les efforts et de fournir des outils pour trouver de l'information. «Il faut l'inciter à être proactif quand il est en panne, à ne pas compter uniquement sur nous», dit Marie-Claude Béliveau. Ainsi, il peut fouiller dans ses manuels, chercher sur Internet, communiquer avec Allô prof (www.alloprof.qc.ca, 1 888 776-4455), appeler un ami, poser des questions à son enseignante, assister aux périodes de récupération, etc. En agissant ainsi, on lui enseigne à être plus responsable. Et ça, ça n'a pas de prix!

A-t-il besoin d'une aide extérieure ?

C'est immanquable : le ton monte chaque fois qu'on aide notre aîné à faire ses devoirs. Dans ce cas, une aide extérieure serait peut-être la solution à ces moments de tension. Voici quelques ressources.

◆ Allô prof

Cet organisme propose de l'aide aux devoirs gratuite, peu importe où l'on se trouve au Québec. Au bout du téléphone ou du clavier (on compte pas moins de six services en ligne, dont les cyberclasses et les forums) se trouvent des enseignants de même qu'une communauté d'élèves aidants pour répondre aux questions des enfants. www.alloprof.qc.ca

◆ Aide aux devoirs supervisée

Certaines écoles ainsi que des maisons de jeunes et des centres ou organismes communautaires proposent de l'aide aux devoirs après les classes. Des bénévoles y encadrent la période de travail. On peut consulter l'école de notre enfant ou la commission scolaire pour connaître les endroits qui offrent cette activité.

◆ Tutorat personnalisé

L'entreprise Succès scolaire offre des services de tutorat privé partout au Québec. On téléphone, on fait part de nos besoins, de nos disponibilités et de notre situation géographique, et l'entreprise envoie un de ses tuteurs qualifiés (ce sont des étudiants en éducation ou de jeunes diplômés) pour aider notre enfant. « Le tuteur – toujours le même, car on travaille à forger une relation de confiance avec l'enfant – assiste celui-ci selon ses besoins (il faut compter de une à deux heures par semaine pour un élève du primaire). Le tarif varie entre 35 et 38 $/heure (minimum d'une heure par visite). Pour plus d'information : www.successcolaire.ca.

Plusieurs tuteurs proposent aussi leurs services via les petites annonces. On jette un œil notamment du côté de www.kijiji.ca.

◆ Les enfants deviennent les profs

Pour mieux assimiler les notions qu'on vient d'apprendre, rien de tel que de les enseigner à son tour ! Pourquoi ne pas s'allier avec trois ou quatre autres parents de la classe de notre enfant pour recevoir la smala à tour de rôle le samedi matin ? Les jeunes pourront ainsi faire leurs devoirs ensemble et s'aider les uns les autres, une méthode qui favorisera leur autonomie. On supervise le tout pour s'assurer qu'ils exécutent bien le travail à accomplir.

QUELQUES SITES
POUR AIDER NOTRE JEUNE

◆ Wimini et Vikidia

Le même principe que Wikipédia, mais pour les petits. Un bon point de départ pour des recherches (mais attention : comme avec Wikipédia, mieux vaut par la suite vérifier auprès de sites fiables les informations recueillies).

fr.wikimini.org et fr.vikidia.org

◆ Bibliojeunes

Développé et maintenu par les Bibliothèques de Montréal, ce site propose des ressources de qualité pour satisfaire la curiosité des enfants et les aider dans leurs devoirs.

bibliomontreal.com/bibliojeunes

◆ Aide aux devoirs et @ la recherche

Fondé par une mère de deux adolescents, ce site a été conçu pour aider les jeunes du primaire et du secondaire à faire leurs travaux scolaires de manière autonome.

www.devoirsetrecherches.com

◆ La souris-web.org

On y trouve un répertoire de sites éducatifs pour les élèves du préscolaire et du primaire, entre autres.

www.lasouris-web.org/primaire/devoirs.html

{3}

LA RÉUSSITE SCOLAIRE :
COMMENT Y PARVENIR?

Tous les parents rêvent que leurs enfants prennent plaisir à apprendre et obtiennent de bons résultats scolaires. Malheureusement, ce n'est pas toujours le cas! Que faire quand la motivation n'est pas au rendez-vous, que notre enfant éprouve de la difficulté dans certaines matières et que le bulletin est peu reluisant?

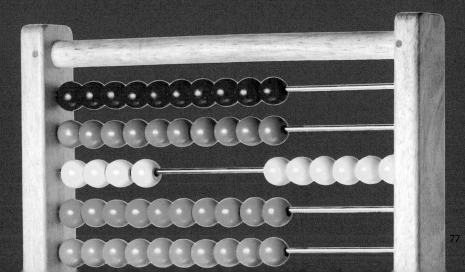

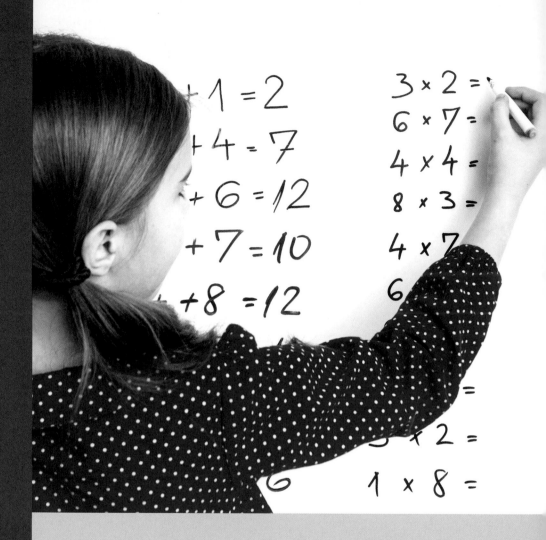

NOTES ET BULLETIN :
DES INDICATEURS

Est-ce que notre enfant comprend bien la matière transmise par son professeur? Fournit-il les efforts nécessaires à sa réussite scolaire? Les notes de ses travaux et de ses bulletins en sont de bons indicateurs. Et si ceux-ci nous surprennent ou nous inquiètent, la rencontre avec le professeur est un moment clé pour mieux connaître le profil de notre enfant sur les bancs d'école.

Le bulletin démystifié

Depuis 2011-2012, le ministère de l'Éducation, du Loisir et du Sport (MELS) a mis en place un bulletin unique dans toutes les écoles de la province (sauf dans certains milieux, telles les écoles alternatives, qui bénéficient d'une dérogation à cet égard). On y trouve le résultat (en pourcentage) obtenu par l'élève dans chacune des matières, de même que la moyenne du groupe. De manière plus générale, on y évalue également quatre compétences – exercer son jugement critique, organiser son travail, savoir communiquer et savoir travailler en équipe – par un commentaire, attribué sans égard à la matière et au contexte. Enfin, l'enseignant y inscrit ses remarques afin de compléter le portrait.

Il est à noter que trois matières (français, mathématiques et langue seconde) sont évaluées en fonction de «compétences disciplinaires». Ainsi, la note finale en français résultera de l'évaluation en lecture (qui compte pour 40 % de la note finale), en écriture (40 % de la note finale) et en communication orale (20 % de la note finale). On peut donc voir où notre enfant réussit bien (ex. : 85 % en lecture) et où il éprouve des difficultés (ex. : 68 % en écriture).

Comment le lire

Notre enfant a obtenu 90 % en géographie. Bravo ! Mais qu'est-ce que cela signifie au juste ? «Il faut interpréter le résultat en fonction de ce qui est évalué, explique Stéphanie Jacques, conseillère pédagogique à la réussite scolaire au primaire pour la commission scolaire de la Rivière-du-Nord. Les critères d'évaluation de chacune des matières sont généralement communiqués par l'enseignant en début d'année scolaire, lors de la première rencontre avec les parents. On peut aussi se renseigner auprès de notre enfant : les élèves participent à leur évaluation, ils savent donc sur quoi ils sont notés.»

Stéphanie Jacques insiste : plus que la note elle-même, c'est la progression de l'enfant qui compte. Et la moyenne de groupe ? «Elle est un indicateur, mais elle ne dit rien sur le cheminement de l'élève, précise la conseillère pédagogique. À preuve, si on change l'enfant de classe, la moyenne de groupe sera différente.»

Enfin, l'évaluation des compétences transversales et les commentaires de l'enseignant ne sont pas à prendre à la légère, puisqu'ils nous renseignent sur le développement global de notre enfant.

Un document important… parmi d'autres

Certes, le bulletin a son importance, mais il ne doit pas être notre seule façon d'examiner le parcours de notre enfant. « Le bulletin n'est pas très descriptif. Il reflète l'état des connaissances de notre enfant à un moment donné, rappelle Stéphanie Jacques. Il faut porter attention à tout ce que l'on reçoit au cours de l'année : les mots des enseignants, les retours de correction des travaux et des examens. Plusieurs professeurs utilisent le portfolio (un petit cartable dans lequel sont regroupés travaux, grilles d'évaluation, etc.) pour communiquer avec les parents. Il faut donc y jeter un œil régulièrement. C'est ce type de suivi qui nous permettra de savoir si notre enfant se débrouille bien à l'école. »

Bulletin décevant : on fait quoi ?

Comment réagir face à un constat d'échec ou à une note anormalement basse ? S'il n'y a pas lieu de paniquer devant un bulletin négatif, on doit tout de même se poser quelques questions. La psychologue Nathalie Roy, de Parcours d'enfant, la clinique de services professionnels multidisciplinaires offerts aux enfants et aux adolescents, de la firme Morneau Sheppell, recommande de s'interroger sur quatre aspects de la question avant de porter un jugement. On se demande si :

◆ un événement particulier est survenu ;

◆ notre enfant a suffisamment étudié ;

◆ il sait comment étudier ;

◆ il comprend la matière.

Enfin, on a tout intérêt à communiquer avec l'enseignant dans le but de comprendre comment la note a été allouée et si elle est représentative de ses difficultés. On peut aussi lui demander s'il juge pertinent que notre enfant consulte un spécialiste. Cela deviendra d'autant plus nécessaire s'il a observé chez lui des problèmes de comportement, car ceux-ci cachent souvent des difficultés d'apprentissage.

Quand consulter ? Si notre enfant ne comprend pas la matière ou ne sait pas comment organiser son travail, il est impératif de discuter avec des professionnels qualifiés pour avoir une lecture éclairée de la situation. On ne doit pas attendre que le découragement s'installe ou que notre jeune perde confiance en ses capacités. « De telles difficultés sont plus fréquentes que les gens le pensent, indique Nathalie Roy. Ainsi, selon les données les plus récentes de l'Association québécoise des troubles d'apprentissage (AQETA), plus de 20 % des enfants québécois sont handicapés ou sont en difficulté d'adaptation ou d'apprentissage, et 65 % d'entre eux sont intégrés en classes régulières. » Attention : cela ne signifie pas que notre enfant est nécessairement dans cette situation. (Pour approfondir nos connaissances en la matière, on consulte le chapitre 4 – *Mon enfant à des besoins particuliers*, p. 107.)

Difficultés à l'école ? On fait examiner ses yeux !

Avant de conclure à un trouble d'apprentissage, mieux vaut emmener notre enfant chez l'optométriste. Les difficultés à l'école s'expliquent parfois par un problème de vision, selon le Dr Langis Michaud, optométriste. Par exemple, un défaut de la vision binoculaire (coordination entre les deux yeux) entraîne une fatigue à la lecture. L'enfant est alors incapable de se concentrer longtemps, avec pour résultat qu'on le croit à tort hyperactif ou atteint d'un trouble de l'attention. « Environ 80 % de l'apprentissage passe par les yeux, dit le spécialiste. Un examen des yeux tous les ans est donc nécessaire. » D'autant que la majorité des écoliers ayant un problème de vision ne s'en plaignent pas. « Comme ils ont toujours vu ainsi, ils pensent que c'est normal », explique l'optométriste. Difficile pour les parents, alors, de s'apercevoir que quelque chose cloche. Les anomalies de la vision binoculaire (mauvaise vision en trois dimensions, strabisme, etc.), l'hypermétropie (difficulté à voir de près et de loin), la myopie, l'amblyopie (œil paresseux) et les problèmes de performance visuelle (mouvement des yeux et mise au foyer) figurent parmi les troubles visuels les plus fréquents chez les 6 à 12 ans. Et, contrairement à l'idée reçue, le port de lunettes ou de lentilles cornéennes n'est pas toujours inévitable. Plusieurs troubles visuels se traitent avec des exercices oculaires.

Comment améliorer ses résultats scolaires ?

Ses notes sont en baisse, et on craint qu'il échoue son année ? Il n'est peut-être pas trop tard. Mais notre jeune devra être décidé à retrousser ses manches : les mauvais résultats s'expliquent souvent par un manque de motivation et de travail.

Si notre enfant veut bien collaborer, on lui propose ceci :

◆ établir un horaire d'étude régulier et s'y tenir. Idéalement, on le fait étudier en notre présence plutôt que dans sa chambre, afin d'éviter les distractions ;

◆ participer assidûment aux séances de récupération offertes à l'école ;

◆ étudier et réviser avec un ami qui obtient de meilleurs résultats.

De notre côté, on peut :

◆ lui enseigner une méthode de travail pour l'aider à s'organiser ;

◆ communiquer avec son professeur pour déterminer ensemble un plan d'attaque ;

◆ lui fournir un tuteur, si notre budget le permet (voir *A-t-il besoin d'une aide extérieure ?*, p. 74) ;

◆ mettre de l'ordre dans son rythme de vie : alimentation, sommeil, loisirs ;

◆ à l'avenir, faire un suivi constant de son rendement scolaire.

Préparer la rencontre avec son prof

Cette rencontre, qui a généralement lieu en novembre, nous permet de savoir comment notre enfant se comporte en classe, ce qu'il doit travailler, comment on peut l'aider et le motiver. Mais on n'a que 15 petites minutes ! Voici des conseils pour en tirer le maximum.

◆ Dresser une liste de questions. On les écrit par ordre d'importance, car on n'aura peut-être pas le temps de tout couvrir. Mon enfant a-t-il de la difficulté à écouter et à suivre ? S'intègre-t-il bien parmi ses camarades ? Y a-t-il des notions qui lui posent des problèmes ? Quelles sont ses forces ? On discute aussi avec notre enfant pour connaître ses préoccupations et les ajouter à notre liste, s'il y a lieu.

◆ Orienter la discussion. Si on a une inquiétude principale, on l'aborde dès le début de la rencontre. Par exemple : « J'aimerais savoir comment progresse ma fille en lecture. »

◆ Faire équipe avec l'enseignant. En cas de désaccord, on garde une attitude courtoise et on évite de faire des reproches. On exprime notre point de vue en parlant au « je » et en démontrant de l'ouverture. On se rappelle qu'on partage avec l'enseignant le même objectif : faire progresser notre enfant. Dans la même optique, on évite de nier les difficultés ou les problèmes de comportement de notre jeune, de lui trouver des excuses ou de rejeter la faute sur autrui. Dans l'intérêt de notre écolier, on offre notre collaboration pour trouver des solutions.

◆ Mettre le prof dans la confidence. Séparation, deuil, maladie d'un proche, perte d'emploi… On informe l'enseignant de tout événement susceptible de perturber le rendement scolaire ou le comportement de notre enfant.

◆ Convenir d'un suivi, si nécessaire.

◆ Faire un compte-rendu de la rencontre à notre enfant et discuter d'au moins une chose qu'il fait bien afin d'améliorer son estime de soi.

MOTIVATION RECHERCHÉE !

Oui, on espère de bons résultats scolaires pour nos enfants.
Mais avant tout, n'est-ce pas leur motivation à réussir
qui devrait nous préoccuper ?

3 questions sur la motivation

Dans *La motivation à l'école, un passeport pour l'avenir*, le psychoéducateur et orthopédagogue Germain Duclos sonne l'alarme : les enfants peu motivés au primaire risquent de décrocher au secondaire. Mais la motivation ne s'impose pas, elle se favorise. Trois questions à l'auteur.

◆ **Que puis-je faire pour aider mon enfant ?** La principale source de la motivation, c'est la curiosité. L'enfant veut apprendre. Donc, il faut répondre à ses questions, l'amener à s'interroger, lui offrir des livres sur ses centres d'intérêt. On doit faire des liens entre la vraie vie et ses apprentissages. Sinon, il aura l'impression que ça ne sert à rien. Par ailleurs, on peut avoir tendance à trop insister sur les résultats et pas assez sur la démarche : il faut lui demander ce qu'il a appris et aimé, ce qu'il a trouvé difficile, comment il a fait pour résoudre un problème, etc. On le félicite également pour ses efforts, même s'ils n'ont pas produit les résultats escomptés. Notre but, c'est qu'il soit motivé par le fait d'apprendre. C'est une motivation beaucoup plus valable que le désir d'obtenir de bonnes notes ou une récompense.

◆ **Pourquoi recommandez-vous d'avoir des exigences envers notre enfant ?** Ne rien exiger, c'est poser un jugement d'incompétence envers lui. Toutefois, des attentes trop élevées peuvent le décourager ou le stresser. Alors, il faut bien doser. On peut commencer par exiger qu'il termine ce qu'il entreprend. On améliore ainsi sa perception de son pouvoir personnel sur ses apprentissages. De plus, beaucoup d'élèves attribuent leurs succès ou leurs échecs à des facteurs extérieurs : l'enseignant explique mal, un camarade les a dérangés, l'examen était trop difficile, etc. On doit convaincre notre enfant que son rendement dépend en premier lieu de lui et qu'il peut l'améliorer en transformant ses attitudes et ses stratégies.

◆ **Dans votre livre, vous déplorez que trop d'enfants soient surprotégés. Que voulez-vous dire ?** La surprotection nuit à l'autonomie. En maintenant l'enfant dans la dépendance, on le dévalorise et on affecte son estime de soi. Il en résulte une recherche de la facilité, une fuite de l'effort et une démotivation.

Mon enfant n'aime pas l'école

Pour plusieurs jeunes, aller à l'école est stimulant. Pour d'autres, c'est pénible. Ils sont démotivés, anxieux ou tristes. Voici des pistes pour les aider.

Les sources du problème

◆ Pour certains enfants, des problèmes psychologiques ou pédopsychia-triques, comme les troubles anxieux, le syndrome de Gilles de la Tourette et le trouble envahissant du développement, sont à l'origine du problème.

◆ «Les difficultés d'apprentissage comme la dyslexie, la dysorthographie et le trouble déficitaire de l'attention sont aussi en cause, mentionne Sophie Painchaud, psychologue. Les enfants qui vivent avec ces dif-ficultés éprouvent généralement un sentiment d'échec parce qu'ils n'ont pas la capacité de faire ce qui est demandé en classe.» (Voir le chapitre 4 – *Mon enfant a des besoins particuliers*, p. 107)

◆ Les enfants qui présentent une différence, par exemple un handicap visuel, qui ne s'habillent pas comme les autres ou qui sont malhabiles dans les sports peuvent être rejetés par leurs pairs et ne plus vouloir aller à l'école parce qu'on les ridiculise.

◆ « L'enfant qui vit des angoisses de séparation de ses parents a également de la difficulté à s'investir à l'école », indique Marie-Claude Béliveau, orthopédagogue et psychoéducatrice à l'hôpital Sainte-Justine et auteure du livre *J'ai mal à l'école. Troubles affectifs et difficultés scolaires*. « Tout comme celui qui présente des maladresses sociales. Par exemple, un enfant qui n'a pas fréquenté la garderie peut avoir du mal à se lier aux autres. Il aura tendance à s'isoler. »

◆ Les enfants qui ne tolèrent pas l'autorité, qui présentent des problèmes de comportement, comme un trouble d'opposition, qui sont impulsifs et agressifs ne trouvent pas davantage leur place à l'école. « Souvent punis, ils sont rejetés par les élèves, qui ne veulent pas les prendre dans leur équipe », note Marie-Claude Béliveau.

◆ Un style de pédagogie qui ne convient pas à la personnalité de l'enfant peut entraîner certaines difficultés. « Une enseignante très sévère peut amener un enfant sensible à ne plus aimer l'école », dit Marie-Claude Béliveau. « Il est prouvé que les enfants qui se sentent accueillis et respectés par leur enseignant et le personnel de l'école ont plus de motivation à aller en classe », ajoute Sophie Painchaud.

◆ Notre propre attitude par rapport à l'école influence la relation de notre enfant avec le milieu scolaire. Si nous ou notre conjoint n'aimions pas l'école, si on ne fait pas confiance au milieu ou qu'on dénigre l'établissement devant notre enfant, il risque de devenir démotivé à son tour.

Les signes à surveiller

« Le refus scolaire est le signe le plus clair que notre enfant n'aime pas l'école, indique Marie-Claude Béliveau : il pleure et fait des crises pour ne pas y aller. Si notre petit est anxieux la semaine, s'il a mal au ventre ou mal au cœur et qu'il a de la difficulté à s'endormir, c'est un autre signe. Plus subtil, il y a l'enfant qui ne parle jamais de l'école ni de ses amis. Ou encore celui qui refuse de faire ses devoirs, oublie son agenda et dit qu'il n'a pas de travaux. » Si notre enfant est triste, si ses notes baissent ou s'il reçoit de plus en plus de billets de mauvais comportement, il y a également lieu de s'inquiéter.

Des pistes de solution

Peu importe ce qui nous met la puce à l'oreille, on intervient rapidement, conseillent les deux spécialistes. Un ennui scolaire non résolu dégénère facilement. Par exemple, un enfant souffrant d'un problème d'apprentissage peut développer des problèmes de comportement, accuser un retard dans ses apprentissages, subir un rejet de ses pairs et voir son estime personnelle fondre. «Des échecs à répétition, des sentiments d'incompétence et d'impuissance peuvent même entraîner à la longue un état dépressif, prévient Sophie Painchaud. On identifie d'abord la cause du problème avec notre enfant. On le rassure, on lui dit qu'on veut le protéger et l'aider. Et on reste calme. Parfois, les enfants n'osent pas parler par crainte de la réaction de leurs parents. On dit, par exemple : "Ça n'a pas l'air d'aller. Ça m'inquiète. Je suis là pour t'aider et j'aimerais que tu me parles de ce qui se passe." » «Si notre enfant a du mal à s'exprimer avec des mots, on lui demande de dessiner ce qu'il aime et ce qu'il n'aime pas de l'école, suggère Marie-Claude Béliveau. On en parle ensuite.» On communique aussi avec l'enseignant de notre enfant pour lui faire part de nos inquiétudes. «On le fait avec l'accord de l'enfant pour ne pas briser le lien de confiance», recommande Sophie Painchaud. L'enseignant pourrait suggérer de consulter un professionnel de l'école, comme l'orthopédagogue pour les problèmes d'apprentissage, ou le psychoéducateur, le psychologue ou l'éducateur spécialisé pour les problèmes psychologiques ou de comportement.

Si la cause de la démotivation scolaire concerne surtout les relations avec les autres, l'enseignant, une fois informé, peut observer si l'enfant est rejeté en classe ou dans la cour d'école et intervenir auprès des autres élèves. «Et si le problème concerne la relation entre l'enfant et l'enseignant, le simple fait d'appeler ce dernier lui signale qu'on veille au grain, indique Marie-Claude Béliveau. En lui parlant, on peut tenter de changer la dynamique de la relation. On peut suggérer au prof d'intervenir plus positivement avec notre enfant en lui accordant, par exemple, des privilèges quand il a le comportement attendu plutôt que de le punir constamment.» Si on n'obtient pas la collaboration de l'enseignant, on fait appel à la direction de l'établissement ou aux intervenants sociaux du CLSC.

Elle trouve l'école trop facile

Ses devoirs et ses leçons sont toujours bouclés en quelques minutes, et ses résultats sont impeccables. Bref, notre fille excelle en classe. On s'en réjouit, mais on s'inquiète aussi un peu : et si elle n'était pas suffisamment stimulée ? Et si elle s'ennuyait ?

« La motivation d'un enfant relève d'une responsabilité partagée entre l'enseignant, l'école, les parents et l'enfant lui-même, note Marie-Hélène Bisson, enseignante de 1re année à Montréal. Or, de manière générale, les parents tendent à envoyer la balle dans le camp de l'enseignant. » L'école et les enseignants utilisent souvent des stratégies de décloisonnement des niveaux pour stimuler les plus doués. « Trois fois par semaine, j'envoie deux de mes élèves dans une classe de 2e année pour faire des activités de lecture, illustre Marie-Hélène Bisson. Pour les travaux, je jumelle souvent un premier de classe avec un élève en difficulté afin que le premier puisse encadrer le second. Je donne aussi plus d'exercices à ceux qui ont de la facilité. Enfin, j'ajuste les niveaux de lecture aux habiletés de l'élève : l'enfant qui lit bien pigera un livre dans le panier numéro trois, tandis que celui pour qui c'est laborieux prendra un ouvrage du panier numéro un. » Cela dit, l'enfant doit collaborer, insiste l'enseignante. « Il doit être proactif et chercher à bonifier de lui-même ses apprentissages. Il faut lui faire confiance. On ne peut pas toujours l'alimenter. »

Les parents ont eux aussi un rôle à jouer. « Souvent, les enfants motivés sont ceux qui pratiquent d'autres activités, comme le piano ou la gymnastique, remarque Marie-Hélène Bisson. Si notre jeune termine ses devoirs en quelques minutes, on profite de ce moment pour vivre des expériences en famille. Plutôt que d'exiger plus de travaux de la part du professeur, on sort faire du vélo ou on part à la découverte de nouveaux loisirs ! »

Comme notre enfant est particulièrement doué, on songe à lui faire « sauter » une année ? Mauvaise idée, croit Marie-Hélène Bisson. « Ses aptitudes cognitives (bonne mémoire, capacité élevée de rétention, etc.) lui conféreront de bons résultats scolaires, mais il éprouvera des difficultés sur le plan social. »

Pour donner le goût d'apprendre et prévenir la démotivation scolaire

◆ On s'assure que notre petit développe des compétences sociales avant l'entrée à l'école. S'il ne va pas à la garderie, il peut fréquenter la prématernelle ou pratiquer une activité organisée.

◆ Si, à l'école, il est rejeté par les élèves, on identifie au moins un enfant gentil avec lui et on l'invite à jouer à la maison afin que notre enfant ne soit pas complètement isolé.

◆ On redonne confiance à notre enfant en l'inscrivant à une activité parascolaire dans laquelle il excelle. Il pourra ramener ces compétences à l'école.

◆ On l'encourage dans ses efforts en lui donnant des objectifs à court terme. Par exemple : « Si tu améliores de 10 % tes notes en français d'ici un mois, on sort voir le film de ton choix. » On le soutient dans ses réalisations en assistant à ses performances (s'il fait un spectacle, par exemple, ou s'il s'adonne à une activité sportive).

◆ On stimule sa curiosité intellectuelle en échangeant avec lui sur divers sujets.

◆ Pour le stimuler à lire et à écrire, on prêche par l'exemple.

◆ On soigne notre relation avec notre jeune. On n'attend pas d'être en situation de crise pour lui consacrer du temps. On s'intéresse à lui, on lui parle de nos propres expériences scolaires.

◆ On l'aide à reconnaître ses aptitudes et ses champs d'intérêt. S'il manifeste un intérêt pour un métier, on fait ensemble des recherches sur le sujet. Même au primaire, il est bon de faire un lien entre l'école, les études et le choix d'un métier. « Le simple fait, pour l'enfant, de se projeter dans l'avenir, de se voir en train de travailler, le met déjà sur une route intéressante », note Sophie Painchaud.

DES STRATÉGIES GAGNANTES
POUR STIMULER NOS ENFANTS

L'apprentissage, ça ne se passe pas seulement entre
les quatre murs d'une classe. Voici quelques trucs pour
éveiller l'intérêt de nos enfants pour la lecture, les maths,
les sciences et les arts, et leur donner le goût d'apprendre.

Pour leur donner le goût de la lecture

◆ À la maison, pas de livre imposé. Pour donner aux enfants le goût de lire, il faut les laisser choisir ce qui leur plaît.

◆ Ils savent lire? On continue de leur faire la lecture. On peut lire à tour de rôle les paragraphes ou les dialogues, pour le plaisir de se donner la réplique. La lecture est ainsi associée à un moment privilégié. Pourquoi les en priver?

◆ Lorsqu'on lit une histoire, on pose des questions. «Qu'est-ce qui va arriver? Quel est ton personnage préféré? Peux-tu imaginer une autre fin?»

◆ On prévoit des périodes de lecture collective: tout le monde lit dans la maison! Et on ne porte aucun jugement sur le type de lecture. Tout au plus, on demande aux jeunes ce qui les intéresse dans ce qu'ils ont choisi.

◆ Papa doit s'en mêler aussi. Plusieurs pères ne font pas la lecture à leurs enfants. Or, ces messieurs apportent quelque chose de différent: le choix des livres, l'interprétation des histoires et les discussions qui suivent. Et puis, les garçons ont besoin de savoir que lire, c'est aussi une affaire d'hommes!

◆ Pour que nos enfants comprennent que lire est utile dans la vie de tous les jours, on glisse des messages dans leurs boîtes à lunch, on leur demande d'écrire la liste d'épicerie, de lire une recette ou les instructions d'un jeu de société, de trouver une information sur Internet, de consulter la programmation des émissions de télé, etc.

◆ On lit ce qu'ils lisent. On peut ensuite ouvrir la discussion sur nos personnages favoris, une scène appréciée, le plaisir qu'on y a pris.

◆ On va régulièrement à la bibliothèque en famille, et on en parle avec enthousiasme pour en faire une activité excitante. Une fois à la biblio, on emprunte des livres nous aussi.

◆ On participe aux activités de notre bibliothèque municipale : conférences d'auteurs, expositions de livres, heure du conte, etc.

◆ On demande à l'aîné de lire une histoire à sa petite sœur. Il se sentira fier et investi d'une mission importante.

◆ On offre des livres en cadeau à toutes les occasions qui jalonnent la vie des enfants. Pour des suggestions, on consulte le site de Communication-Jeunesse (www.communication-jeunesse.qc.ca), qui propose une sélection de livres selon l'âge de l'enfant.

◆ On installe une bibliothèque dans la chambre de chaque enfant. Dans une pièce commune, on aménage un endroit accueillant et agréable pour la lecture, avec des fauteuils poires, des coussins et un éclairage adéquat.

◆ On laisse traîner des livres un peu partout dans la maison.

◆ On abonne chaque enfant à un magazine. Il l'attendra chaque mois avec impatience. En plus, il aura le plaisir de recevoir du courrier.

◆ Certains sites Internet proposent des histoires interactives où l'enfant est tour à tour lecteur, acteur et auteur. On peut aussi fouiner du côté des applications pour tablettes qui proposent des livres numériques interactifs.

◆ Surtout, on lit nous aussi : c'est le meilleur moyen d'influencer nos enfants. On ne garde pas toujours la lecture pour plus tard, quand tout sera rangé, réglé… et qu'on sera trop fatigué pour lire !

CONSEIL DE MAMANS :
COMMENT LES INCITER À LIRE ?

« J'achète des livres qui collent à leurs goûts. Mon aîné aime les super-héros, tandis que le deuxième raffole des monstres et des créatures ter-rifiantes. Aussi, quelques fois par année, nous allons à la librairie en famille et mes fils ont carte blanche pour choisir un livre. » — SOPHIE

« J'invente pour mes filles des histoires dont le personnage princi-pal s'inspire de leur papa lorsqu'il était petit garçon, et j'imprime le tout en feuillets qu'elles illustrent elles-mêmes. Lire et relire les péripéties de leur père les amuse énormément et elles attendent la prochaine histoire comme un feuilleton ! » — SOPHIE A.

« J'adopte une voix différente pour chacun des personnages du livre et je raconte l'histoire avec beaucoup d'intonations, à la manière d'une pièce de théâtre. Je capte l'attention de ma fille à tout coup, et elle en redemande ! » — ISABEL

« Je permets à mon fils d'apporter un livre ou un album dans son lit le soir et de le feuilleter durant 15 minutes avant de se coucher. Même quand il ne savait pas lire, il se racontait l'histoire à voix basse, dans ses propres mots. » — MÉLANIE

$$1 + 2 = 3$$

Pour leur donner le goût des mathématiques

◆ On est positif par rapport aux mathématiques, même si on détestait cette matière à l'école.

◆ On profite des activités courantes pour faire un peu d'arithmétique : trouver le meilleur achat à partir de formats différents, calculer la monnaie à recevoir, doubler une recette, planifier une journée en allouant une période de temps à chaque activité, etc. Ainsi, les enfants verront l'utilité de cette matière.

◆ On formule divers problèmes, comme les problèmes logiques donnés à l'école. Par exemple, si notre fille veut s'acheter un lecteur MP3, on lui demande de calculer combien de semaines elle devra économiser son argent de poche pour atteindre son objectif.

◆ On confie aux enfants la responsabilité de gérer leur argent de poche et on leur ouvre un compte dans une institution financière.

◆ On explore les nombreux sites Internet et applications pour tablettes qui proposent des jeux mathématiques pour les jeunes du primaire et du secondaire. Utilisés avec modération, ils sont pratiques pour nos petits branchés.

◆ On joue aux échecs et aux dames, qui développent la capacité de concentration, la logique et l'esprit d'analyse. On s'intéresse aussi à d'autres jeux de société : c'est une belle façon d'apprendre à interpréter les données d'un problème, à combiner des propositions logiques, à formuler des hypothèses et à sélectionner les données utiles dans un ensemble d'énoncés.

◆ On se sert de dés pour additionner, soustraire et multiplier. On utilise deux dés avec les plus jeunes et quatre avec les plus âgés.

◆ On leur procure des cahiers de sudokus.

◆ On les encourage à s'amuser avec des jeux de construction. Ceux-ci permettent de développer l'organisation spatiale et séquentielle.

◆ En voiture, on additionne ou soustrait les chiffres des plaques d'immatriculation ; on inscrit le kilométrage au début du parcours et on calcule régulièrement la distance qu'il reste à parcourir ; on détermine la consommation d'essence (nombre de litres par 100 km).

◆ Pour améliorer la capacité des enfants à estimer des mesures, on leur demande d'évaluer la longueur et la largeur d'une pièce de la maison, le nombre de billes dans un contenant, le poids d'un objet, etc. Après chaque estimation, les enfants vérifient s'ils avaient la bonne mesure.

Pour leur donner le goût des sciences

◆ On visite des musées scientifiques ou de sciences naturelles. Quelques suggestions : le Musée de la nature et des sciences, à Sherbrooke, l'Espace pour la vie, à Montréal (qui comprend le Biodôme, l'Insectarium, le Jardin botanique et le Planétarium Rio Tinto Alcan), le Centre des sciences de Montréal et l'Électrium d'Hydro-Québec, à Sainte-Julie.

◆ On assiste à des conférences et on participe à des randonnées guidées et à d'autres activités grand public sur la faune et la flore. Par exemple, dans le réseau des grands parcs de Montréal, le Groupe uni des éducateurs-naturalistes et professionnels en environnement propose des rallyes nature, des balades sur les pistes d'animaux, des causeries sur les chevreuils, etc. (www.guepe.qc.ca).

◆ On réalise des expériences scientifiques. On trouvera des suggestions sur le site des Débrouillards (lesdebrouillards.com) ainsi que dans les livres *Les expériences des Débrouillards*. Pour des expériences en physique et des explications passionnantes, on consulte l'ouvrage *Question de forces !* On utilise un système de motivation avec notre marmaille ? On inclut, parmi les privilèges possibles, le droit d'utiliser la cuisine pour faire des expériences.

◆ On observe le ciel et les étoiles. Plusieurs clubs d'astronomes amateurs organisent des soirées d'observation autour des Perséides. Pour trouver un club dans notre région, on visite le site de la Fédération des astronomes amateurs du Québec (faaq.org). L'Astrolab du parc national du Mont-Mégantic propose aussi des activités d'astronomie (astrolab-parc-national-mont-megantic.org).

◆ L'automne est la saison idéale pour les balades en forêt. On parcourt des sentiers d'interprétation… et on lit les panneaux explicatifs !

◆ On s'amuse à démêler le vrai du faux dans les contes pour enfants. Un exemple : la cigale de la fable *La cigale et la fourmi* a chanté tout l'été. Vraiment ? Les cigales ne vivent que quelques jours ! Avec les plus grands, on regarde des films catastrophes et on se questionne sur les probabilités que ces événements surviennent réellement.

◆ On organise une fête d'anniversaire scientifique. Certains conseils du loisir scientifique (CLS) proposent des forfaits dans différentes régions du Québec (cdls.qc.ca), de même que l'entreprise *Sciences en folie*, dans les régions de Montréal et de Québec, entre autres (montreal.madscience.org ou quebec.madscience.org). Avec un éducateur scientifique, les jeunes font des expériences étonnantes : fabrication de glue rebondissante, fusée champagne, bonbons pétillants, geyser de boisson gazeuse, etc.

◆ Nos jeunes ont appris un fait étonnant à propos d'un animal, de la nature, de la pollution ? On leur suggère de vérifier cette information auprès de trois sources différentes, car chose écrite ou entendue n'est pas toujours vérité ! L'esprit critique, le doute et la vérification font partie de la démarche scientifique.

◆ On les abonne à une revue scientifique pour les jeunes.

◆ On se sert des événements de notre vie de famille et des activités courantes pour susciter la curiosité et chercher des réponses. On prend l'avion ? Comment tient-il dans les airs ? Et comment fonctionne le téléphone ? Et le micro-ondes ?

◆ Pour des activités, des expositions, des associations, des camps et diverses ressources en sciences, on consulte le site www.sciencepourtous.qc.ca.

Pour leur donner le goût des arts

◆ On aménage dans la maison un espace pour les arts plastiques. Il doit être facile d'accès et bien pourvu en matériel, et doit offrir la possibilité de réaliser un projet en plusieurs étapes. La table de la cuisine n'est pas idéale puisqu'il faut la libérer pour les repas. Le matériel : crayons de couleur, pastels à l'huile, pastels secs, fusain, gouache, papier texturé, carton, ciseaux, bâton de colle, pâte à modeler… et du matériel récupéré (papier journal, boîtes de céréales, boutons, papier de soie, papier peint, tissu, etc.). On prévoit une vieille chemise de papa pour protéger les vêtements.

◆ On prépare une trousse pour les déplacements en auto ou les périodes d'attente chez le médecin, chez le dentiste, au resto. On y met papier, crayons-feutres, crayons de bois et de cire, ciseaux et tablette de bois pour dessiner sur ses genoux. On peut aussi fournir un carnet pour dessiner ou coller des images. Notre jeune artiste pourra l'apporter un peu partout.

◆ On expose les chefs-d'œuvre sur le frigo. Les enfants seront fiers que leurs réalisations soient à la vue de tous. Le bureau de maman ou de papa est aussi un emplacement de choix : nos mousses seront flattés par ce geste de reconnaissance.

◆ À l'occasion, on met en valeur des œuvres de nos enfants en les encadrant. Certains magasins offrent des encadrements à bon prix. Mieux, les jeunes peuvent réaliser leurs propres encadrements avec du carton recyclé, des pâtes alimentaires colorées, etc. Et quelle belle idée de cadeau pour les grands-parents !

◆ On leur permet de décorer leur chambre à leur goût : rien de plus motivant pour un enfant que de prendre ainsi possession de sa chambre, surtout s'il a la permission de peindre sur un mur. Une suggestion : utiliser un panneau de lauan (une sorte de bois) sur lequel notre petit réalisera un collage ou une peinture, puis le fixer au mur avec des clous ou des vis. Cela nous évitera de repeindre le mur et nous permettra de déplacer la murale ailleurs dans la maison.

◆ On participe aux nombreux ateliers d'arts plastiques offerts par différents musées les fins de semaine. C'est le cas, entre autres, du Musée du costume et du textile du Québec, à Montréal, du Musée d'art contemporain de Montréal et du Musée national des beaux-arts du Québec, à Québec. Pour le répertoire, on consulte le site de la Société des musées québécois (www.smq.qc.ca).

◆ C'est l'anniversaire de fiston ? On lui prépare une fête artistique. Avec ses invités, il réalisera une murale collective, montera un spectacle de danse, ou encore peindra des assiettes que chacun pourra conserver. Pour une fête clés en main, on peut réserver un forfait d'anniversaire dans un musée. Il existe aussi des entreprises qui proposent des ateliers de peinture sur céramique pensés pour les enfants.

◆ On initie les enfants à différents genres musicaux : classique, jazz, pop, musiques du monde, etc. À Montréal, les Jeunesses musicales du Canada ainsi que l'Orchestre symphonique de Montréal donnent des concerts pour les familles. L'Orchestre symphonique de Québec a également une programmation jeunesse.

◆ On puise des idées sur le site dramaction.qc.ca : il s'adresse avant tout aux enseignants, mais on y trouve une foule d'exercices de théâtre et d'improvisation qu'on peut faire à la maison (cliquer sur la rubrique « Ressources »).

◆ On participe aux Journées de la culture. Pour consulter la programmation : journeesdelaculture.qc.ca ou culturepourtous.ca.

LA RÉUSSITE SCOLAIRE :
UNE AFFAIRE DE FILLES ?

Les garçons ont plus de difficulté que les filles à l'école.
Pourquoi ? Comment les aider ? Des avis d'experts
et des pistes de solutions.

Nos garçons et l'école

L'école donne du fil à retordre aux garçons. Ils présentent plus de retards et de difficultés d'apprentissage que les filles, et redoublent davantage. Ils composent 69 % des classes d'adaptation scolaire. Sans compter qu'ils ont plus de problèmes de comportement. « Environ 80 % des jeunes suspendus ou expulsés de l'école sont des garçons », estime Égide Royer, psychologue et professeur titulaire en adaptation scolaire à la Faculté des sciences de l'éducation de l'Université Laval.

C'est inquiétant, mais de là à imaginer le pire pour notre fils, il y a une marge. En effet, même si les garçons sont plus touchés par les retards scolaires, les échecs et le décrochage, la majorité d'entre eux réussissent. On évite donc de généraliser ! Surtout que la langue d'enseignement est la seule matière où les garçons accusent du retard. Ils ont tendance à apprendre à lire moins vite, éprouvent plus de difficulté à lire et à écrire, lisent moins et manifestent moins d'enthousiasme pour la lecture que les filles. Dans les autres matières, les résultats des deux sexes sont similaires. Il reste toutefois que les difficultés en lecture et en écriture sont responsables de la plupart des redoublements et des retards scolaires. Et plus le rendement d'un enfant en lecture est faible, plus il risque de décrocher au secondaire. Un départ ardu à ce chapitre peut donc hypothéquer toute la scolarité.

Lumière sur les causes

Non, les filles ne sont pas plus intelligentes que les garçons. Pourquoi alors ceux-ci ont-ils plus de mal à l'école? Les experts se penchent sur la question depuis plusieurs années déjà… et sont parfois en désaccord. Une explication concerne le développement du cerveau et la maturation cognitive, plus lents chez les garçons, ce qui retarderait l'apprentissage du langage et de la lecture. À leur entrée à l'école, les filles auraient donc un avantage biologique. Vivre dans un milieu défavorisé est toutefois le facteur de risque le plus important. «Les enfants des familles à faible revenu se font faire la lecture moins souvent et ont moins accès aux livres», explique Égide Royer. Ils sont également moins stimulés quant au langage. Bizarrement, l'impact négatif de cette situation sur la réussite scolaire est plus grand chez les garçons.

La quête de l'identité masculine est aussi montrée du doigt. Comme la lecture et l'écriture – et la réussite scolaire en général – sont perçues comme une «affaire de filles», certains garçons essaient de s'en distancier. «Ceux qui présentent des comportements perturbateurs, qui protestent contre l'école et contre le travail scolaire sont souvent perçus comme "cool", lit-on dans un rapport du ministère de l'Éducation du Québec sur la réussite des garçons publié en 2004. Dans plusieurs écoles secondaires, les bonnes notes, "ça fait téteux", surtout si cela implique d'étudier et de faire ses travaux.» Certains garçons joueraient donc les durs pour être admirés par leurs pairs. C'est particulièrement vrai quand le père est absent ou peu présent.

Une question d'attitude

L'écart des résultats entre garçons et filles s'explique également par leur attitude différente envers l'école. En général, les filles consacrent plus d'efforts
et de temps à l'étude et aux travaux scolaires que les garçons, même si elles
éprouvent peu d'intérêt pour une matière. «Chez les garçons, le principe de
plaisir est plus fort», explique Pierre Potvin, professeur en psychoéducation à
l'Université du Québec à Trois-Rivières, spécialiste de la réussite et de l'échec
scolaires et des troubles de comportement. «Ils ont donc plus tendance à
succomber à la loi du moindre effort.» S'ils manifestent moins d'ardeur au
travail, c'est aussi parce qu'ils accordent plus de poids à l'intelligence qu'à
l'effort, selon les recherches. «Les garçons sont plus nombreux à croire qu'on
peut apprendre sans trop travailler quand on est intelligent, confirme Christian
Véronneau, enseignant de science et technologie et de physique. Les filles
associent plutôt la réussite au travail. Par exemple, elles participent davantage
aux périodes de récupération que les garçons.» Plusieurs croient aussi que
l'école répond mieux aux caractéristiques et aux façons d'apprendre des filles.

Les styles d'apprentissage diffèrent-ils vraiment selon le sexe?

Oui et non. Les garçons n'apprennent pas tous de la même façon et les filles non plus. Mais, au-delà des variations individuelles, certaines tendances se dégagent. «Les garçons apprennent mieux avec du concret, observe Christian Véronneau. Ils veulent expérimenter. Ils ont besoin de savoir à quoi ça sert dans la vraie vie. Ils aiment aussi beaucoup travailler à l'ordinateur et en équipe. Et ils ont besoin de bouger.» Dans ses cours, les jeunes courent dans le corridor pour mesurer la vitesse et l'accélération. Ils lancent des avions de papier pour comprendre comment se comportent les projectiles dans les airs. «Je diversifie mon approche pédagogique pour intéresser autant les garçons que les filles», souligne l'enseignant. Même philosophie chez Diane Manseau, enseignante. Quand ils ont la bonne réponse à une question, ses élèves lancent des ballons dans un panier de basketball ou une fléchette sur une cible. Et ils accumulent des minutes de lecture sur un permis de conduire afin d'avoir le privilège de participer à une course de tacots en carton. «Je cherche toujours à motiver les garçons, sans oublier les filles, dit l'enseignante, qui compte 20 ans d'expérience. Mes élèves apprennent en bougeant et en jouant.»

Mais disons la vérité: les enseignants ne sont pas tous aussi dynamiques. Pierre Potvin estime que l'école a de la difficulté à s'adapter aux besoins et aux formes d'apprentissage des garçons. Il souligne toutefois que les méthodes actives d'enseignement, comme l'apprentissage par projets et la résolution de problèmes, peuvent susciter davantage l'intérêt des élèves, plus particulièrement celui des garçons.

Des solutions à notre portée

À la maison aussi, on peut recourir au jeu pour motiver notre fils à faire ses devoirs et ses leçons. Mais la piste d'action prioritaire pour améliorer le rendement scolaire des garçons, c'est de leur inculquer le plaisir de lire. Plusieurs écoles ont mis sur pied des projets en ce sens. Et on a notre rôle à jouer, comme parent. «Il faut commencer tôt à intéresser l'enfant à la lecture», insiste Égide Royer. Cela peut être aussi simple que de lire une histoire avant le dodo, de lire en famille, d'aller à la bibliothèque, de proposer à l'enfant des livres sur des sujets qui l'intéressent, de l'abonner à un magazine, d'aménager un coin lecture dans sa chambre. «Et si le père participe aux activités de lecture, c'est encore mieux, car il procure à son fils un modèle masculin de lecteur», ajoute-t-il. Avec des encouragements, l'accent mis sur la lecture dès le plus jeune âge et la participation du papa à son cheminement scolaire, notre fils a toutes les chances de faire partie de la majorité de garçons qui réussissent à l'école.

{4}

MON ENFANT A
DES BESOINS
PARTICULIERS

Depuis plusieurs années, on entend souvent
parler d'enfants ayant des «besoins particuliers».
Ce terme, principalement associé à des
problématiques telles que les déficiences
physiques ou intellectuelles et les troubles
du spectre de l'autisme (TSA), réfère aussi aux
troubles d'apprentissage ou d'adaptation, incluant
les besoins des enfants surdoués, auxquels l'école
régulière a parfois de la difficulté à répondre.

LE TDAH EXPLIQUÉ

Fréquemment diagnostiqué après l'entrée à l'école,
et associé au fameux Ritalin, le trouble du déficit d'attention
avec ou sans hyperactivité est présent chez 5 à 10 % des enfants
d'âge scolaire. Pour bien comprendre ce trouble, faire face
aux idées préconçues et aider notre petit à faire son chemin
malgré les embûches, voici quelques pistes.

Le TDAH : qu'est-ce que c'est ?

Le trouble déficitaire de l'attention avec ou sans hyperactivité est un trouble neurologique qui rend difficile le contrôle du flot d'informations du cerveau. Pour les enfants qui en sont atteints, toutes les informations ont la même importance : ils n'arrivent pas à donner la priorité à l'une ou à l'autre. C'est comme changer de poste de télévision toutes les 10 secondes et penser retenir quelque chose ! Les enfants qui ont le TDAH peuvent être hyperactifs ou non. Ceux qui sont hyperactifs sont agités, peu importe la situation ou l'endroit (voir *Un enfant hyperactif, c'est quoi exactement ?*, p. 110). Ceux qui ne le sont pas semblent dans la lune et sont incapables de se concentrer. Ils ne dérangent pas le groupe.

Ça touche qui ?

Entre 5 et 10 % des enfants d'âge scolaire. Selon Égide Royer, psychologue et professeur titulaire en adaptation scolaire à la Faculté des sciences de l'éducation de l'Université Laval, il y aurait jusqu'à cinq garçons pour une fille vivant avec le TDAH.

Les signes à surveiller

Le TDAH est surtout diagnostiqué après l'entrée à l'école, mais il peut aussi l'être dès la petite enfance (entre 3 et 5 ans). On s'inquiète si notre enfant, à partir de 3 ans, présente les symptômes suivants :

◆ n'observe pas les consignes ou a de la difficulté à les retenir, même lorsqu'il les comprend ;

◆ est déjà en action alors que l'explication d'une consigne n'est pas terminée, ou répond aux questions avant qu'on ait terminé de les poser ;

◆ est incapable de rester concentré sur une même activité (mais peut être attentif lors d'une activité qui l'intéresse beaucoup) ;

◆ fait des erreurs de distraction dans ses devoirs ou d'autres activités ;

◆ a de la difficulté à commencer et à terminer ses devoirs ou ses autres tâches ;

◆ a tendance à éviter les activités qui nécessitent un effort mental soutenu ;

◆ semble ne pas écouter lorsqu'on s'adresse à lui ;

◆ a de la difficulté à s'organiser ;

◆ a de la difficulté à s'habiller seul ;

◆ perd fréquemment ses objets personnels.

Un enfant hyperactif, c'est quoi exactement?

On se demande si notre enfant est hyperactif? S'il bouge beaucoup, sans arrêt et souvent de façon désordonnée, et que ses mouvements sont généralement impulsifs – par exemple, il se met soudainement à courir d'un bout à l'autre de la maison, sans raison apparente –, il y a lieu de se questionner. Si, en plus, ses réactions sont parfois agressives et qu'il manque d'attention en classe au point que ses résultats en souffrent, alors la réponse est probablement oui.

Les causes

Les causes de l'hyperactivité en tant que telle sont encore inconnues. Les théories voulant que le sucre, les colorants alimentaires ou d'autres additifs alimentaires y contribuent n'ont pas été prouvées. Certains spécialistes parlent de troubles de comportement, alors que d'autres estiment que les enfants dits hyperactifs ont simplement un plus grand besoin de se dépenser physiquement.

Les caractéristiques

Souvent, l'hyperactivité est détectée quand l'enfant est d'âge scolaire, même si plusieurs signes apparaissent plus tôt. Des exemples? Dès leur première année de vie, le tiers des enfants hyperactifs pleurent plus souvent et plus longtemps, ont de la difficulté à s'alimenter, sont plus actifs et dorment moins. En grandissant, ils peuvent présenter les symptômes suivants :

◆ bougent souvent les mains ou les pieds, se tortillent sur leur chaise ;

◆ ont de la difficulté à rester assis (en classe ou ailleurs) ;

◆ courent ou grimpent partout ;

◆ parlent beaucoup ;

◆ présentent un comportement antisocial, voire agressif, et sont très bruyants (ce qui peut générer de l'isolement) ;

◆ interrompent les autres ou répondent aux questions avant qu'ont ait fini de les poser ;

◆ ont tendance à imposer leur présence, à faire irruption dans les conversations ou les jeux, et ont de la difficulté à attendre leur tour ;

◆ sont imprévisibles et de caractère changeant, avec des sautes d'humeur fréquentes.

Mais qu'on se rassure : ces manifestations s'estompent généralement vers la fin de l'adolescence ou au début de l'âge adulte. Cependant, certains adultes continuent à ressentir une certaine fébrilité ou à être inconfortables à l'idée d'entreprendre des activités sédentaires.

Comment l'aider ?

« L'hyperactivité peut être difficile à distinguer des comportements des enfants actifs appropriés à leur âge, note Louise Delisle, infirmière à la clinique Focus. Si on a des doutes au sujet de notre enfant, il est important de consulter un spécialiste, tel qu'un psychiatre, un pédopsychiatre, un neurologue ou un neuropsychologue. » Des signes qui s'apparentent à ceux de l'hyperactivité peuvent en effet avoir d'autres causes : un deuil (décès, divorce), une dépression, un stress post-traumatique, ou d'autres problèmes physiques ou psychologiques. Quant au traitement, il est intimement lié aux causes du problème. On peut envisager la psychoéducation, l'apprentissage des habiletés sociales, ou simplement un encadrement plus serré.

On se sent impuissant devant notre enfant hyperactif? Certains gestes peuvent nous aider (et bien sûr, aider notre petit!) à mieux vivre cette situation:

◆ On s'en tient à une routine. Les enfants hyperactifs ont de la difficulté à faire ce qu'on attend d'eux. En maintenant un horaire fixe pour chaque activité (repas, jeux, dodo, etc.), on fera en sorte que chaque tâche devienne une sorte d'automatisme.

◆ On établit des règles claires. On dresse une liste des comportements acceptables et de ceux auxquels on s'attend de sa part. On laisse cette liste bien en vue.

◆ On note les tâches à accomplir. Les jeunes hyperactifs sont souvent désorganisés. Pour aider le nôtre, on crée un tableau où l'on inscrit les gestes à faire dans chaque pièce. Par exemple: «Enlever mes bottes et ranger mon manteau» dans l'entrée; «Refermer et replacer les contenants dans le garde-manger ou le frigo» dans la cuisine; etc.

◆ On réduit les stimuli. La télé et l'ordinateur sont souvent sources d'agitation. Si notre enfant a tendance à s'énerver facilement lorsqu'il y a trop de bruit ou de mouvement autour de lui, on s'assure de bien doser le temps d'écran et de choisir adéquatement les émissions et les jeux auxquels il a accès.

◆ On exploite son besoin de bouger. On transforme les corvées en jeux, par exemple en lui faisant faire une course contre la montre pour ranger ses jouets ou se préparer pour la nuit. Et on s'arrange pour qu'il gagne lorsqu'il y met les efforts!

◆ On le laisse bouger. Notre enfant a particulièrement besoin de dépenser son énergie. Chaque jour, on réserve du temps pour qu'il puisse courir, grimper, sauter…

Turbulent ou hyperactif? Au-delà des préjugés

Le TDAH, c'est beaucoup plus qu'un enfant qui bouge trop et qui dérange tout le monde. «Faut que je prenne de la drogue pour être bon à l'école. Sans ma pilule, je n'ai pas le goût de travailler. Je sais que l'école, c'est important, mais je n'aime pas *full* ça. Le TDA, c'est un mot compliqué qui veut dire qu'il y a plein de sortes de gens sur la terre.» C'est ainsi que Marc-André, 16 ans, décrit son trouble.

Identifié par les médecins dans les années 1900, le TDAH demeure mal connu de la majorité des gens, et ce qu'on en sait relève souvent du stéréotype. Voici les mythes les plus fréquents et des explications pour remettre les pendules à l'heure.

«Le trouble de déficit de l'attention, ça veut dire qu'un enfant bouge trop et est toujours énervé.»

Le terme TDAH précise que l'enfant peut être hyperactif ou non. Selon le Dr Yves Lambert, omnipraticien, environ 25 % des enfants atteints ne seraient pas hyperactifs. «On les appelle des lunatiques. Ils sont moins actifs et facilement distraits.» Tranquilles, ils ne dérangent pas en classe. Les filles seraient davantage touchées par le TDA sans hyperactivité, alors que les garçons montreraient plus d'impulsivité (comportements casse-cou, agressivité) et d'hyperactivité. Ce qui explique peut-être qu'on diagnostique plus souvent le TDAH chez les garçons : on a moins tendance à consulter quand un enfant ne dérange pas.

«Ces enfants sont des petits tannants qui s'amusent à semer le trouble.»

Le TDAH n'est pas une attitude, mais un problème neurologique. Des chercheurs ont comparé le cerveau d'un enfant atteint d'un TDAH à celui d'un enfant non atteint au moment d'exécuter une tâche précise : on remarque entre autres que le cerveau de l'enfant avec TDAH travaille beaucoup plus fort pour obtenir le même résultat. «On le voit clairement en neuro-imagerie : son cerveau fonctionne d'une façon différente», explique le Dr Lambert. C'est l'une des plus grandes difficultés de l'enfant atteint : il doit livrer un véritable combat pour rester attentif à une seule tâche. Le Dr Claude Jolicœur, pédopsychiatre, illustre ainsi le TDAH : «C'est comme rouler sur l'autoroute et vouloir prendre toutes les sorties ! L'enfant n'est pas capable de se concentrer sur une seule chose, car il pense trop vite. Il a beaucoup de mal à conceptualiser le temps et l'espace. Pour lui, c'est toujours le moment présent.»

Les enfants atteints sont conscients de leur différence et en souffrent énormément. En plus, les échecs à répétition détruisent leur estime de soi. Isabelle, maman d'un petit de 7 ans, raconte : « Le plus difficile, c'est de le voir se sous-estimer. Il vit beaucoup d'échecs, se chicane avec ses amis et revient de l'école en larmes, en disant : "Je ne suis pas bon, c'est tout le temps moi le plus méchant dans ma classe." Il me dit parfois qu'il va se tuer et que personne n'aura de peine parce qu'il est méchant. Mais plus tard, il revient vers moi et me dit : "Tu sais, maman, il ne faut pas que tu m'écoutes quand je suis fâché." »

« C'est la faute des parents : ils ne font pas assez de discipline ! »

On ne sait pas encore avec certitude ce qui cause le TDAH, mais il est clair que l'environnement, le stress ou le manque de discipline ne sont pas en cause. Selon le Dr Russell Barkley, un psychiatre américain qui étudie le sujet depuis plus de 30 ans, 80 % des cas seraient héréditaires. D'ailleurs, cela se vérifie souvent lorsqu'on pose un diagnostic chez un enfant. Quand Marie-Josée a appris que son garçon Olivier était atteint, elle s'est rappelé combien elle avait eu du mal à l'école, combien la concentration et les devoirs étaient laborieux. Même chose pour Véronique : « Je me suis rappelé que, quand j'étais jeune, il fallait toujours que je me force plus que les autres ! J'ai aussi reconnu mon père, un type manuel et très actif. » Malheureusement, les parents d'enfants atteints se sentent souvent jugés, dit Sophie, dont les deux enfants ont reçu le diagnostic. « Les gens pensent que je ne veux pas faire de discipline ou que j'achète la paix en donnant des médicaments à mes enfants ! » Cela dit, même s'il n'en est pas la cause, un manque d'encadrement peut aggraver les symptômes. La gestion du TDAH passe donc par des stratégies pour organiser le quotidien. « Il faut que l'enfant ait une vie structurée et des consignes claires et simples. Comme pour les autres enfants, mais les clôtures doivent être plus solides », explique le Dr Lambert.

«C'est facile de voir qu'un enfant a le TDAH.»

Le processus de diagnostic du TDAH est exhaustif et très rigoureux. Il doit l'être, car il n'existe aucun test permettant d'être sûr à 100 % qu'il s'agit bien du TDAH. Le diagnostic repose sur la participation de plusieurs intervenants et sur l'observation minutieuse de l'enfant dans tous ses milieux (école, garderie, maison, activités). Si on soupçonne un problème d'attention chez notre enfant, on prend rendez-vous avec notre médecin de famille, qui pourra demander à l'enseignant de remplir une fiche détaillée sur ses habitudes. Les parents et l'enfant sont également interrogés. Un psychologue fait ensuite une évaluation à l'aide de grilles d'analyse (pour connaître les symptômes du TDAH, voir p. 109).

Toutes ces données sont remises au médecin traitant, qui détermine s'il y a ou non un TDAH. Un diagnostic est posé lorsque l'enfant présente au moins six symptômes d'inattention ou d'hyperactivité et d'impulsivité, ou une combinaison des deux types de symptômes. De plus, les symptômes doivent:

◆ être présents dans plus d'une sphère de la vie de l'enfant (maison, école ou garderie, activités);

◆ être présents avant l'âge de 7 ans;

◆ affecter sérieusement sa qualité de vie et son fonctionnement quotidien.

Si le diagnostic est positif, le médecin proposera un suivi à domicile pour aider les parents à gérer le comportement de l'enfant ou donner à celui-ci des outils pour mieux s'organiser.

« Les enseignants débordés parlent
de TDAH pour qu'on donne du Ritalin
à ceux qui dérangent la classe. »

On montre souvent du doigt les enseignants et les salles de classe bondées, ce qui donne l'impression qu'on cherche à se débarrasser d'un problème avec la médication. « Ce n'est pas le professeur qui pose le diagnostic, précise Sylvie Paquette, enseignante auprès d'enfants en difficulté et orthopédagogue à l'école élémentaire catholique des Voyageurs, à Orléans. Mais le contexte scolaire aide évidemment à préciser le diagnostic. Si le professeur a un doute sur la capacité de concentration d'un élève, il demande aux parents comment ça se passe à la maison. À la lumière de leurs réponses et de ce qu'il voit en classe, il pourra conseiller aux parents de consulter leur médecin de famille. » Ensuite, selon l'enseignante, il faut maintenir une bonne communication avec le professeur et lui mentionner tout changement dans la médication ou le comportement de l'enfant.

« On voit le TDAH surtout
dans les milieux défavorisés. »

D'un milieu à l'autre, les taux d'enfants atteints peuvent varier de 3 à 30 %. « Effectivement, dans certains milieux défavorisés, les taux tendent à être plus élevés. Mais ce n'est pas parce qu'on est pauvre qu'on a plus de TDAH, explique le Dr Lambert. C'est plutôt parce que, devenus adultes, les enfants atteints ont souvent du mal à trouver ou à garder un emploi, ce qui les plonge dans la précarité. Et, comme c'est souvent héréditaire, leurs enfants peuvent être atteints à leur tour. »

«Moi, je ne donnerais pas de médicaments à mon enfant…»

Il est normal que les parents craignent les répercussions d'une médication chez leurs enfants. «Personne n'aime médicamenter son enfant, dit la D^{re} Christiane Laberge, omnipraticienne. Mais si votre enfant était diabétique, l'empêcheriez-vous de recevoir de l'insuline?»

Les principaux médicaments prescrits pour traiter le TDAH sont des psychostimulants qui équilibrent les niveaux de neurotransmetteurs dans le cerveau. Ceux-ci sont responsables de la concentration et de l'inhibition des comportements négatifs. «C'est efficace, affirme le Dr Jolicœur. L'enfant commence à s'occuper et à jouer selon les règles, à anticiper le lendemain. Ça canalise ses énergies.» Après quelques jours, il est déjà plus attentif, plus en mesure de se concentrer. «Une de mes patientes m'a décrit l'effet du médicament comme ceci: "Avant, toutes les idées arrivaient dans ma tête et je devais choisir. Maintenant, j'ai seulement une idée à la fois"», raconte la D^{re} Laberge. Il faut toutefois ajuster la dose et la médication, parfois à plusieurs reprises, avant d'arriver à un bon résultat avec le moins d'effets secondaires possible (les plus fréquents sont la perte d'appétit et la difficulté d'endormissement). Selon la D^{re} Laberge, la mauvaise réputation de ces médicaments viendrait du fait qu'il s'agit de psychostimulants. «Les parents associent le Ritalin aux drogues dures qui circulent sur le marché noir. Or, le Ritalin ne cause pas de dépendance et il n'y a pas de symptômes de sevrage à l'arrêt.» «Personne ne veut d'emblée donner du Ritalin à son enfant, mais on le fait quand on comprend qu'il lui en faut, dit Marie-Josée. Sur le coup, j'ai dû réfléchir: ce qui me dérangeait, c'était la peur du jugement des autres. Quand j'ai compris que c'était ça qui me retenait, je n'ai plus hésité. Ce n'est pas l'affaire des autres! Ils ne vivent pas avec le TDAH 24 heures par jour, eux!»

Le fait de traiter l'enfant lorsqu'il est jeune lui offre de meilleures perspectives d'avenir. Les enfants laissés sans traitement font face à des statistiques assez alarmantes. «À l'adolescence, le risque de toxicomanie est de 33 % chez les cas de TDAH non traités contre 13 % chez les enfants traités, note le Dr Lambert. Ceux qui ne sont pas traités auront des accidents quatre fois plus souvent, et ces derniers seront trois fois plus graves.» Le Dr Lambert ajoute que ces enfants impulsifs et marginalisés ont plus de mal à se faire des amis et tombent plus souvent dans le piège des milieux criminalisés.

«Une petite pilule, et tout est réglé!»

Si le TDAH était le seul problème à traiter, les médicaments suffiraient, explique la Dre Stacey A. Bélanger, responsable médicale de la clinique du TDAH du CHU Sainte-Justine. Mais «la plupart des enfants présentent d'autres difficultés importantes qui compliquent le traitement». Ainsi :

◆ 60 à 70 % des enfants seraient atteints du trouble d'opposition ;
◆ 40 à 50 % souffriraient d'anxiété ;
◆ 15 à 20 % présenteraient des troubles spécifiques d'apprentissage (dyslexie, dysorthographie, etc.) ;
◆ jusqu'à 90 % éprouveraient des difficultés d'apprentissage en général.

Les experts s'entendent pour dire que le traitement passe par une approche alliant médicaments et thérapie. Par exemple, un ergothérapeute pourra traiter les troubles de motricité fine alors qu'un psychologue se penchera sur l'anxiété. Une éducatrice spécialisée pourra donner aux parents et à l'enseignant des trucs pour gérer les devoirs et le fonctionnement en classe, etc.

ET S'IL Y AVAIT
AUTRE CHOSE ?

On s'inquiète parce que notre fille a de la difficulté
en maths ou qu'elle est incapable de bien lancer un ballon ?
Avant d'entrer en mode panique, voici quelques pistes
pour voir s'il y a matière à consulter.

Est-ce un trouble d'apprentissage?

On distingue les difficultés d'apprentissage des troubles d'apprentissage par leur caractère passager. Leurs causes sont souvent situationnelles : séparation des parents, problèmes avec les amis, etc. Un enfant qui éprouve des difficultés d'apprentissage pourra, en travaillant sérieusement, s'améliorer après quelques mois. L'enfant ayant un trouble d'apprentissage (comme le TDAH) doit composer, lui, avec une condition permanente, d'origine neurologique. Ce trouble affecte sa capacité à acquérir de nouvelles connaissances.

On parle vraiment de trouble d'apprentissage quand des tests standardisés révèlent chez notre enfant un retard d'au moins deux ans par rapport au niveau attendu à son âge. Comme ce retard est un facteur d'échec scolaire s'il n'est pas diagnostiqué, il est important d'agir tôt afin d'éviter que notre enfant ne se décourage au point de ne plus vouloir aller à l'école. «Souvent, l'enfant est soulagé par ce diagnostic. Il sait qu'il apprend différemment, mais ne comprend pas pourquoi. Avec de l'encouragement et quelques outils, il reprendra confiance», assure la psychologue Nathalie Roy, de Parcours d'enfant, la clinique de services professionnels multidisciplinaires offerts aux enfants et aux adolescents, de la firme Morneau Sheppell. Les enfants atteints d'un trouble d'apprentissage ne sont pas nécessairement moins intelligents que les autres, et ce serait une erreur de penser qu'ils ne pourront jamais goûter au succès. «Ces enfants ont souvent une intelligence supérieure à la moyenne. Ils ont tout pour réussir, mais ils n'y arrivent pas malgré leurs efforts», explique Lise Bibaud, directrice générale de l'Association québécoise des troubles d'apprentissage (AQETA). Les troubles d'apprentissage se présentent sous diverses formes. Leur description et les signes à surveiller mentionnés dans ces pages servent simplement de repères pour nous guider. Si on pense que notre enfant en est atteint, on consulte un psychologue pour un diagnostic sûr.

Dyslexie

Qu'est-ce que c'est? Un trouble d'apprentissage relié à la lecture. L'enfant dyslexique comprend les mots lorsqu'il les dit, mais, lorsqu'il doit les lire, les lettres se mélangent, les mots deviennent incompréhensibles et la lecture à voix haute est difficile. Pour illustrer les difficultés des dyslexiques, les experts les appellent les «daltoniens du son».

Signes à surveiller: Même si un diagnostic ferme n'est possible qu'autour de 10 ans, on devrait consulter si notre enfant de 6 ou 7 ans:

◆ ne sait pas ce qu'est une rime;

◆ reconnaît mal le son des lettres;

◆ arrive difficilement à lire des syllabes simples;

◆ arrive difficilement à lire des mots courants comme chat, maison, porte, etc.

On consulte également si, vers l'âge de 10 ans:

◆ il bute sur certains mots quand il lit à voix haute;

◆ il saute ou invente la fin d'un mot;

◆ il inverse ou mêlc certaines lettres.

Dysphasie

Qu'est-ce que c'est? Un trouble neurologique de la parole qui atteint l'expression et la compréhension du message. Un enfant dysphasique veut communiquer, mais n'y arrive pas. Il est incapable de formuler clairement sa pensée pour que les autres puissent comprendre ce qu'il essaie de dire. De plus, il a de la difficulté à bien comprendre quand on s'adresse à lui, un peu comme si on lui parlait dans une langue étrangère.

Signes à surveiller: Comme ce trouble ne touche ni la lecture ni l'écriture, on peut observer des signes de dysphasie avant l'âge scolaire. On consulte si :

- ◆ notre enfant de 2 ans et demi connaît moins de six mots et demeure incapable d'en associer deux (par exemple, « viens jouer » ou « dans l'eau »);
- ◆ notre enfant de 3 ans ne comprend pas des consignes simples en l'absence de gestes (par exemple, « viens », « prends » ou « donne »);
- ◆ notre enfant d'âge scolaire fait des phrases sans pronom ou peu cohérentes;
- ◆ les enfants de son âge n'arrivent pas à comprendre ce qu'il dit.

Dyspraxie

Qu'est-ce que c'est? Un trouble neurologique qui touche la coordination et la motricité. Ce n'est pas un problème d'ordre musculaire, mais une difficulté dans la transmission de l'information. Les enfants atteints de dyspraxie sont particulièrement maladroits.

Ça touche qui? La dyspraxie est plus fréquente chez les garçons.

Signes à surveiller: Contrairement aux autres troubles d'apprentissage, qui sont diagnostiqués par un psychologue, la dyspraxie devrait l'être par un neuro-psychologue ou un médecin, généralement un neuropédiatre. On devrait consulter si, à partir de 7 ans:

- ◆ notre enfant se cogne partout et renverse les objets;
- ◆ n'arrive pas à s'habiller et à manger seul;
- ◆ a de la difficulté à lancer un ballon ou à nager;
- ◆ connaît des difficultés en motricité fine (colorier à l'intérieur d'un cadre, découper sur la ligne, tracer des lettres sur des lignes, etc.).

Dysorthographie

Qu'est-ce que c'est? Un défaut d'assimilation des règles d'orthographe. L'enfant dysorthographique éprouve beaucoup de difficulté à respecter la grammaire ou à construire des phrases logiques. Pour parvenir à s'exprimer correctement, il préfère utiliser la parole ou le dessin plutôt que l'écriture.

Ça touche qui? Le plus souvent, des enfants également atteints de dyslexie. La dysorthographie peut exister seule, mais c'est rare.

Signes à surveiller: On consulte si notre enfant, vers la fin de sa première année du primaire:

◆ a de la difficulté à écrire des mots courants, ou écrit le même mot de façons différentes;

◆ se sent anormalement stressé quand il doit faire une dictée;

◆ peine à appliquer les règles de grammaire qu'il a apprises;

◆ omet des lettres ou des sons dans un mot en écrivant;

◆ fait de nombreuses fautes d'orthographe, malgré ses efforts pour s'améliorer.

Dyscalculie

Qu'est-ce que c'est? Un retard persistant dans l'apprentissage des notions arithmétiques. Ce trouble touche autant la capacité d'apprendre des notions de base, comme compter ou résoudre un problème écrit, que celle d'effectuer des opérations arithmétiques (additions et soustractions).

Ça touche qui? Rarement isolée, la dyscalculie accompagne d'autres troubles d'apprentissage, comme la dyslexie.

Signes à surveiller: La dyscalculie peut être diagnostiquée dans la petite enfance (avant l'âge de 5 ans), bien qu'il soit plus difficile de reconnaître les signes à ce moment. On s'inquiète si, à 5 ans, notre enfant:

◆ ne sait pas compter jusqu'à 10;

◆ ne fait pas le lien entre les chiffres 1 à 4 et des dessins représentant, par exemple, trois pommes, deux chiens, quatre oiseaux.

On s'inquiète aussi si notre enfant d'âge scolaire :

◆ est incapable de repérer l'ordre des chiffres (le fait que 8 est plus petit que 10, par exemple) ;

◆ n'arrive pas à résoudre des opérations comme les additions et les soustractions de base ;

◆ ignore les étapes à suivre pour arriver à la solution d'un problème écrit.

En attendant le diagnostic

L'orthopédagogue Anne Bélanger, elle-même maman d'un enfant atteint d'un trouble d'apprentissage, et Annie Lussier, orthopédagogue, rappellent que la route vers un diagnostic peut être longue et difficile.

Quelques conseils pour garder le cap :

◆ Tenir un journal où l'on note les progrès de notre enfant, ses difficultés, les trucs qu'on a développés pour l'aider, etc.

◆ Exiger un rapport chaque fois que l'enfant voit un professionnel.

◆ Compiler toutes les consultations de professionnels dans un dossier.

◆ Observer comment l'enfant apprend : a-t-il besoin de toucher ? Est-il surtout sensible aux explications verbales ? Préfère-t-il apprendre par lui-même, en autodidacte ?

◆ Varier les méthodes d'apprentissage : cela nous permettra de comprendre comment notre enfant apprend le mieux.

◆ S'armer de patience et entamer les périodes de devoirs et leçons de façon positive.

DES RESSOURCES
- Association canadienne de la dyslexie : www.dyslexiaassociation.ca
- Association québécoise de la dysphasie : www.dysphasie.qc.ca
- Association québécoise des troubles d'apprentissage : www.aqeta.qc.ca
- Association québécoise pour les enfants dyspraxiques : www.dyspraxie-aqed.ca
- www.dyspraxieetcie.com, un blogue où quatre mamans d'enfants dypraxiques racontent leur vie et donnent des trucs pour aider les enfants atteints de troubles d'apprentissage.

TROP INTELLIGENTS,
TROP ANGOISSÉS...
MAIS QUI SONT CES ENFANTS?

Ils ont souvent de la difficulté avec les matières étudiées
en classe et peinent à créer des liens avec leurs camarades.
Surtout, ils se sentent différents. Pour éviter que
ces éventuels troubles d'adaptation ne nuisent au parcours
de notre écolier, voici quelques signes à observer
pour lui venir en aide le plus tôt possible.

Un enfant précoce, c'est quoi exactement?

Certains parlent d'enfants surdoués, d'autres d'enfants à haut potentiel ou intellectuellement précoces. Mais qui sont ces jeunes? Quels sont leurs défis au quotidien et, surtout, quelles ressources peuvent répondre à leurs besoins?

Les caractéristiques

D'entrée de jeu, il faut savoir qu'il n'existe pas de profil type de l'enfant surdoué. Oui, on observe une précocité intellectuelle chez la plupart d'entre eux: ce sont des bébés tres éveillés, qui marchent plus tôt que la moyenne et qui parlent avant l'âge de 2 ans, par exemple. Mais il existe aussi de grandes différences d'un enfant à l'autre, qui se précisent surtout à l'âge scolaire. Certains seront excellents à l'école, d'autres non, puisque des limites les handicapent par rapport au système scolaire normal. Inversement, tout élève qui excelle à l'école n'est pas nécessairement surdoué. Plusieurs indices permettent toutefois de relever des caractéristiques de l'enfant précoce:

◆ une grande curiosité intellectuelle et un sens de l'observation très développé;

◆ des intérêts et des passe-temps multiples et variés;

◆ une imagination hors du commun;

◆ une mémorisation facile et un raisonnement rapide;

◆ un vocabulaire riche et des constructions de phrase complexes;

◆ une sensibilité, une émotivité et une intuition exacerbées;

◆ un esprit critique et de l'intransigeance envers lui-même et les autres;

◆ une maturité plus élevée, entraînant un intérêt pour les enfants plus âgés ou les adultes;

◆ la recherche de défis intellectuels;

◆ un intérêt précoce pour la lecture, et un apprentissage qui se fait plus tôt.

Les défis

Quand un enfant montre de la facilité à saisir les concepts et à raisonner, qu'il comprend rapidement et termine son travail avant les autres, on se demande bien quelles embûches pourraient se présenter dans son parcours scolaire. Pourtant, elles sont nombreuses ! Comme n'importe quel jeune, l'enfant sur-doué doit relever des défis, et ce, dans un système scolaire qui n'est pas tou-jours conscient de ses difficultés et qui, souvent, est peu outillé pour le soutenir.

D'abord, plusieurs enfants intellectuellement précoces ont de la difficulté à apprendre de façon traditionnelle, linéaire et systématique. Ils présentent une capacité supérieure à résoudre les problèmes complexes, mais ne s'y prennent habituellement pas comme les autres. Ils peuvent alors développer une résis-tance à apprendre en classe, une attitude anticonformiste et de l'opposition. Il n'est donc pas rare que ces enfants se retrouvent avec un rendement scolaire élevé, mais une évaluation négative sur le plan du comportement. Ces frustrations peuvent entraîner une démotivation, et même mener au décrochage scolaire.

Quelques-uns présentent également des difficultés organisationnelles : ils ont du mal à planifier, à gérer leur temps ou leur matériel, ce qui ajoute aux défis qu'ils doivent surmonter quotidiennement. Leur grande sensibilité à tout ce qui se passe dans leur environnement amène chez eux une plus grande prévalence des problèmes d'anxiété, des troubles du sommeil et de la dépression.

Sur le plan psychosocial, les enfants surdoués vivent aussi un phénomène qu'on appelle la «dyssynchronie», c'est-à-dire qu'ils se reconnaissent peu dans les façons d'apprendre et dans les intérêts ou les jeux des enfants de leur âge, ce qui les mène parfois à éprouver des difficultés relationnelles avec leurs pairs. Cette situation peut entraîner de l'isolement, du rejet et même de l'intimidation.

Comment l'aider ?

Si on soupçonne que notre enfant est surdoué, la première chose à faire est de faire évaluer son quotient intellectuel (QI) par un psychologue : cela nous permettra de comprendre ses forces et ses limites. On pourra ainsi trouver des ressources pour mieux répondre à ses besoins.

Arielle Adda, psychologue clinicienne et auteure, recommande aussi de se joindre à une association pour les familles d'enfants surdoués. Le fait de discuter avec d'autres parents qui vivent la même réalité est à la fois rassurant et ressourçant. Au Québec, il existe une seule association de ce genre : Haut Potentiel Québec (hautpotentielquebec.org), fondée en 2012 par des parents d'enfants intellectuellement précoces. Elle a pour mission de rassembler et de diffuser les connaissances et les ressources liées à la douance, dans le but de soutenir les familles et de sensibiliser la population aux enjeux qui y sont liés. Enfin, si notre enfant est d'âge scolaire, il est essentiel de rencontrer son enseignant et les différents intervenants de l'école afin de pouvoir mettre en place des moyens concrets pour lui permettre de vivre des défis suffisamment stimulants, mais aussi pour l'aider à bien s'intégrer à ses pairs. Pour certains parents, l'école de quartier sera le choix à prioriser ; d'autres voudront se tourner vers une école adaptée à la réalité de leur enfant (école alternative, privée ou à vocation particulière). L'important, c'est que notre petit vive son parcours scolaire de façon heureuse et positive.

Un enfant anxieux, c'est quoi exactement ?

Il est normal pour l'enfant d'éprouver un peu d'anxiété à l'approche d'un exa-men, d'un voyage avec l'école, d'une compétition sportive ou d'un changement (déménagement, arrivée d'un nouveau prof, début d'une activité parascolaire, décès d'un être cher, etc.). Cette réaction est même positive, car elle lui sert à se préparer et à s'adapter aux situations stressantes. Toutefois, l'anxiété devient anormale lorsqu'elle perturbe son quotidien, explique la D^{re} Chandra Magill, psychiatre à l'Hôpital de Montréal pour enfants. Il pourrait alors s'agir d'un trouble anxieux.

Les caractéristiques

L'anxiété généralisée, les phobies et le trouble obsessif-compulsif sont tous des types de troubles anxieux. On consulte si on constate chez notre enfant un ou plusieurs des signes suivants :

◆ il s'inquiète constamment pour des riens ;

◆ il évite systématiquement les nouvelles situations ;

◆ il éprouve des problèmes de sommeil ou des maux de tête ou de ventre chroniques ;

◆ il a des peurs ou des phobies extrêmes ;

◆ son anxiété l'empêche de se faire des amis ;

◆ elle devient une excuse pour ne pas aller à l'école ;

◆ elle mène à un comportement compulsif (idées fixes, comportements répétitifs).

Comment l'aider?

D'abord, en prenant ses craintes au sérieux. «Souvent, on a tendance à croire que ce n'est pas grave et que ça va passer, affirme la D^{re} Chandra Magill. Mais pour un enfant anxieux, c'est grave, même s'il n'est pas vraiment capable d'expliquer pourquoi. Il importe donc de l'écouter, de l'encourager à exprimer ses peurs et de chercher à comprendre ce qu'il ressent.» Ensuite, on tente d'agir de manière préventive en découpant l'événement anxiogène (par exemple, la rentrée scolaire) en plusieurs petites étapes préparatoires. «Quelques jours avant la rentrée, on commence à reproduire la routine du matin, ou on fait semblant de préparer son sac, illustre la psychiatre. Si l'enfant intègre une nouvelle école, on peut demander s'il est possible d'aller la visiter et de rencontrer les professeurs quelques jours avant le début des classes. Ces différentes étapes aideront l'enfant à mieux gérer la nouveauté.»

Selon la D^{re} Magill, il faut échanger avec notre mousse à propos de ce qui l'effraie, même s'il refuse d'en discuter. «Certains parents préfèrent attendre au dernier moment avant d'aborder le sujet avec leur enfant. Or, le fait d'en parler bien avant que celui-ci ne doive faire face à ce qui l'effraie peut constituer une première étape. Cela permet à notre fils ou à notre fille de verbaliser ses peurs, et d'amorcer un processus de désensibilisation.»

On lui apprend aussi à pratiquer la respiration abdominale (inspirer en gonflant le ventre). «Ce type de respiration exerce réellement un effet physiologique sur les hormones du stress, explique la psychiatre. On lui demande de se pratiquer avant d'aller se coucher, tous les soirs durant au moins une semaine. Ça l'aidera à s'endormir, et puis c'est important d'apprendre à maîtriser cette méthode quand on est relaxe, afin de pouvoir y recourir facilement dès qu'on ressent les premiers signes d'anxiété, comme un mal de ventre. Une fois qu'on est en mode panique, il n'y a plus rien qui fonctionne.»

Enfin, si l'anxiété est vraiment importante, il ne faut pas hésiter à en parler à la direction de l'école. «Certains établissements démontrent une bonne flexibilité et permettent à l'enfant, par exemple, de téléphoner à ses parents lorsque ça ne va vraiment pas, souligne la D^{re} Magill. Souvent, le simple fait de savoir qu'il aura ce recours en cas de besoin calme l'enfant.»

{5}
BIEN VIVRE
À L'ÉCOLE

Au-delà des résultats scolaires, notre enfant sait-il trouver sa place dans cette microsociété qu'est l'école ? Quelle relation a-t-il avec les autres ? Sa perception de lui-même est-elle positive ? Est-il victime d'intimidation, ou fait-il subir une telle situation à ses camarades ? Qu'en est-il de ses intérêts ? Trouve-t-il son bonheur dans une activité parascolaire ? Quelques conseils pour prendre le pouls de sa vie à l'école.

MON ENFANT ET LES AUTRES

Amitié, chicane, influence, amourette : des mots qui
dépeignent bien les interactions des jeunes à l'école
primaire. Comment faire pour mieux comprendre la
relation de notre enfant avec les autres et l'aider quand
il est vulnérable ? Voici quelques pistes à explorer.

Mon enfant vit une peine d'amitié

Notre fille vit une grosse peine. Sa complice depuis le début du primaire s'est fait de nouvelles amies et la délaisse. «La fin d'une amitié est une perte importante qu'il faut éviter de minimiser, prévient Caroline Palardy, intervenante à la Ligne Parents. L'enfant perd une confidente, une camarade de jeu, des petites habitudes, des fous rires, etc. Elle ressent une foule d'émotions: abandon, solitude, vide, tristesse.» Elle a besoin d'en parler, de mettre des mots sur ses émotions et sur la perte qu'elle vit. On reste donc à l'écoute tout en lui disant que ce qu'elle ressent est normal. Mais on attend quelques jours avant de lui parler des autres amies qu'elle se fera sûrement. Et on y va avec délicatesse, en lui donnant de l'espoir: «Depuis que tu es petite, tu es arrivée à te faire des amies. Tu y arriveras de nouveau.» On peut aussi faire des comparaisons avec d'autres chagrins qu'elle a vécus. On lui rappelle que ça fait mal au début, mais que peu à peu la peine s'estompe. Aussi, on lui explique une réalité de la vie: nos intérêts et nos préférences changent avec le temps; par conséquent, nos amitiés aussi. Et bien sûr, on lui change les idées en lui proposant des sorties et des activités.

La peine de l'enfant peut aussi se traduire par une perte d'appétit, des problèmes de sommeil, un manque de concentration. Encore là, c'est normal… dans la mesure où c'est temporaire. «Souvent, on pense qu'après une semaine ou deux l'enfant n'y pensera plus, dit Caroline Palardy, mais c'est parfois plus long.» Même si notre fille continue de vivre des moments de tristesse, elle devrait commencer à aller mieux après environ deux semaines. Si on ne constate aucune amélioration après ce délai, il serait bon de consulter. Pour joindre la Ligne Parents: 1 800 361-5085.

Il ne garde jamais ses amis longtemps

Si notre enfant est systématiquement incapable de garder des amitiés plus de quelques semaines, il est probablement à la source du problème. Peut-être éprouve-t-il certaines difficultés sur le plan des habiletés sociales. On observe comment il agit avec ses camarades et on interroge son professeur ou une éducatrice du service de garde. Veut-il toujours décider des jeux ? Est-il mauvais perdant, tricheur, vantard ? A-t-il tendance à déprécier ses camarades, à les injurier ? Si c'est le cas, on l'incite à se mettre à leur place pour lui faire prendre conscience de ce qu'ils peuvent ressentir. On lui enseigne aussi comment résoudre ses conflits (recherche de compromis). Et, bien sûr, on donne l'exemple dans notre propre famille.

Elle est amoureuse !

Thomas, 9 ans, est très populaire auprès des filles de son âge, qui lui téléphonent, l'invitent, cherchent à clavarder avec lui. Mais toute cette attention le laisse indifférent. L'attrait pour l'autre sexe survient-il plus vite chez les filles que chez les garçons ? En général, oui, selon Francine Duquet, sexologue et professeure au Département de sexologie de l'UQAM, qui remarque un décalage significatif entre filles et garçons. « Il n'est pas rare que des jeunes filles commencent à s'intéresser aux garçons vers 9 ou 10 ans. » Quant aux garçons, c'est généralement vers 12-14 ans que certains ressentiront cette attirance.

Si les filles sont souvent au centre des préoccupations liées aux phénomènes d'hypersexualisation et de sexualisation précoce, cela concerne également les garçons. Toutefois, il est vrai que la presse jeunesse augmente cet écart en alimentant chez les filles le désir de plaire. La sexologue donne en exemple les magazines pour adolescents, axés sur l'apparence et les recettes de séduction, ou les vidéoclips fort sexualisés de leurs jeunes idoles. C'est le rôle des parents de discuter avec leurs enfants de la portée de ces messages, pour ensuite établir des limites. « Admettons que notre fille de 9 ans dit avoir un chum. Il est important de la questionner sur cette relation : qu'est-ce que ça veut dire, "avoir un chum" ? Qu'est-ce que ça change ? Qu'est-ce qui fait que ce jeune garçon est devenu son chum ? Est-ce qu'elle a un chum parce que tout le monde en a un dans la classe ? Est-ce plutôt un ami qu'elle apprécie beaucoup ? » Cette discussion est un excellent prétexte pour parler avec notre enfant de la différence entre l'amitié, la pression à « être en couple » et le sentiment amoureux. Et pour lui faire comprendre que les histoires de chum et de blonde, ce n'est peut-être pas pour maintenant, précise Francine Duquet. « Enfin, on ne lui met surtout pas de pression en lui demandant sans cesse si elle a un petit chum ! »

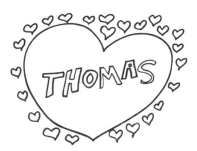

Mon fils est mauvais perdant

Quand fiston perd, il pleure, accuse les autres de tricher, éparpille les cartes…
Selon Joe-Ann Benoît, auteure de *La Discipline, du réactionnel au relationnel*,
«l'enfant apprend très rapidement qu'il vit dans une société de compétition où
seuls les gagnants sont valorisés». Pas étonnant qu'il n'aime pas perdre.

Quelques conseils pour l'aider à être bon joueur :

◆ Éviter de le mettre en compétition avec les autres. «On lui apprend à
être content de lui, même s'il n'est pas le meilleur, conseille Claire Leduc,
travailleuse sociale et thérapeute conjugale et familiale honoraire. Il doit
reconnaître ses progrès et en être fier.»

◆ Ne pas le laisser gagner. Cela ne rend pas service à l'enfant et ne lui apprend
pas à perdre avec élégance ni à persévérer. Pour égaliser les chances, on
impose plutôt un handicap aux plus vieux.

◆ Insister sur le plaisir de jouer. Et on donne l'exemple !

◆ L'inciter à rester humble dans la victoire. Être mauvais gagnant n'est pas
plus acceptable qu'être mauvais perdant.

Oh! le vilain mot!

Notre fille répète les gros mots qu'elle apprend à l'école. Comment réagir?

On évite les deux extrêmes : se mettre en colère ou faire semblant de n'avoir rien entendu. «Une réaction vive pourrait l'inciter à dire des gros mots pour nous provoquer ou obtenir de l'attention, explique la psychologue Nadia Gagnier. À l'inverse, ignorer son comportement pourrait lui laisser croire que les jurons sont acceptables.» On lui explique que ce langage est grossier et qu'il est préférable d'utiliser d'autres mots pour exprimer sa colère. «Tu as le droit d'être fâchée, mais le mot que tu as appris dans la cour d'école est laid et peut faire de la peine aux autres. À l'avenir, quand tu seras en colère, je veux que tu l'exprimes de façon plus respectueuse. Quel mot pourrais-tu utiliser?» On peut aussi lui demander si elle connaît la signification des jurons qu'elle prononce. Il est probable que non. Dans ce cas, on le lui explique. Peut-être les trouvera-t-elle moins intéressants… Si le comportement dérangeant se reproduit, il n'est pas nécessaire de répéter la consigne chaque fois. Un simple regard désapprobateur suffit. «On revient sur le sujet à un moment propice, à l'heure du coucher, par exemple, suggère la psychologue. On la félicite d'abord pour ses efforts, puis on lui dit qu'elle a laissé échapper quelques jurons et qu'on tient à ce qu'elle continue de surveiller son langage.» Inutile, évidemment, d'enjoindre à notre enfant de ne pas sacrer si on le fait nous-même.

INTIMIDATION : LE FLÉAU

Notre enfant est mis à l'écart, il subit des moqueries et se fait bousculer dans les corridors : il est sans doute victime d'intimidation. Pour éviter que la situation ne s'aggrave et ne fasse fondre son estime de soi, il faut agir. Mais comment ?

Qu'est-ce que l'intimidation?

Cela fait deux fois que notre garçon revient de l'école en pleurant : ses petits camarades de classe lui font la vie dure. On a tellement entendu parler de ces enfants victimes d'intimidation… Serait-il en train de vivre la même chose?

«Pour parler d'intimidation, il faut constater une répétition, précise Jasmin Roy, président et fondateur de la Fondation Jasmin-Roy. Ce sont des actes répétés et volontaires qui peuvent être verbaux ou physiques. Si le geste se produit deux ou trois fois et qu'il est en lien avec des amis, on parle plutôt de conflit, et on intervient alors par la médiation. Mais si la situation perdure durant trois ou quatre semaines, on peut parler d'intimidation.»

Lorsqu'il y a intimidation, on assiste aussi à un déséquilibre des pouvoirs : ça commence par quelques railleries proférées par une ou deux personnes, puis de plus en plus de jeunes se greffent à l'intimidateur. «Neuf fois sur dix, c'est fait devant témoins : l'agresseur est le meneur de claque, et plusieurs personnes l'entourent», ajoute Jasmin Roy.

Les différents visages de l'intimidation

Au primaire, on voit souvent les plus vieux intimider les plus petits. Mais on constate aussi différentes façons de faire selon le sexe. «Chez les garçons, c'est axé sur la force physique et la performance dans les sports, illustre Jasmin Roy. Un garçon peu athlétique serait plus à risque d'être rudoyé. On voit aussi beaucoup d'agressions liées à l'homophobie. Chez les filles, l'intimidation porte surtout sur l'apparence physique et la réputation. On essaie d'isoler la victime et de briser son réseau social. On l'évite, on lance des rumeurs à son sujet, on dénigre son apparence.»

Lourde de conséquences?

Jasmin Roy affirme que ce serait une erreur que de ne pas prendre la situation au sérieux. «Des études disent qu'un enfant sur deux qui vit de l'intimidation de façon prolongée (plus de six mois) aura des pensées suicidaires à l'âge adulte. Dans le cas où l'intimidation perdure plus de cinq ans, la victime pourrait en garder des séquelles au cerveau, par exemple des troubles d'anxiété.»

LA PAROLE AUX JEUNES

As-tu déjà été victime d'intimidation ou connais-tu quelqu'un qui en a été victime ?

« Souvent, j'ai peur d'aller à l'école, car des jeunes rient de moi parce que je fais partie d'une troupe de danse. Leurs paroles me font mal. J'en ai parlé à ma titulaire, mais elle n'a rien fait. » — ALEXIS

« L'an passé, une de mes amies s'est fait traiter de toutes sortes de noms par une gang de filles. Elle n'a rien répliqué, mais chaque fois qu'elle les croisait, elle les regardait droit dans les yeux. Son père lui avait conseillé ce truc pour qu'elle n'ait pas l'air d'une victime. Je ne sais pas si ça fonctionne tout le temps, mais pour elle, ça a marché. Les filles ont arrêté. » — BÉATRICE

« Oui, quand j'ai changé d'école. Des jeunes se sont moqués de moi à cause de mon poids. Une fille m'a même demandé si je voulais avoir son poing dans la face, seulement parce que je l'avais regardée. J'ai trouvé ça dur, mais je n'ai rien fait, sauf en parler à ma mère. Je me disais que ça finirait par passer. Et c'est ce qui est arrivé. » — SARAH-MAUDE

« J'ai eu une amie qui subissait de l'intimidation, au point de penser au suicide. J'ai essayé de lui parler, de la raisonner, mais elle ne m'a pas vraiment écoutée. Je suis allée voir la travailleuse sociale de l'école pour demander de l'aide. Malheureusement, mon amie ne me l'a jamais pardonné et elle ne m'a plus adressé la parole. Même si j'ai perdu une amie, je suis fière d'avoir réagi de cette façon, car je lui ai peut-être sauvé la vie. » — GENEVIÈVE

Ma fille se fait « bitcher » à l'école

Notre grande s'est disputée avec une amie. Depuis, celle-ci monte les autres filles contre elle. Comment aider notre enfant? D'abord, on l'encourage à nous parler de ce qu'elle ressent. Si elle garde tout à l'intérieur, elle risque de perdre confiance en elle. L'idéal est de répondre à la personne qui harcèle dès les premiers commentaires. «Souvent, l'agression commence par une seule personne et, si tu la laisses faire, elle en ralliera d'autres et cela deviendra tout un groupe ligué contre toi et qui te fera la vie dure, écrit Marthe Saint-Laurent dans *Bitcher et intimider à l'école, c'est assez*. Très souvent, tu réussiras à désamorcer l'escalade si tu mets tes limites dès le début.» Se taire, au contraire, procure plus de pouvoir au harceleur. Notre fille doit donc sans tarder dire à son ancienne amie de cesser de la dénigrer. Pour cela, elle doit rester calme, ne pas montrer qu'elle est contrariée, peinée ou apeurée, se tenir droite, regarder l'autre fille dans les yeux et adopter un ton ferme. On l'incite aussi à ne pas s'isoler et à se trouver des amies qui la soutiendront. Elle peut également obtenir du soutien et de l'écoute auprès de Tel-Jeunes (teljeunes.com ou 1 800 263-2266) ou de Jeunesse, J'écoute (jeunessejecoute.ca ou 1 800 668-6868).

Vaincre l'intimidation : la part des parents

L'intimidation à l'école, c'est un fléau devant lequel beaucoup de parents se sentent impuissants. Voici des conseils précieux pour nous aider à aider nos enfants, qu'ils soient victimes ou agresseurs.

Si on croit que notre enfant est victime d'intimidation :

◆ On est vigilant : certains signes peuvent être révélateurs. Par exemple, si notre jeune invente des prétextes pour s'absenter de l'école ; «perd» de l'argent ou des effets personnels ; dit souffrir de malaises, de maux de tête, de nausées ; voit son rendement scolaire diminuer ; cherche à s'isoler ; est souvent triste et songeur ; a des problèmes de sommeil ou perd l'appétit ; a peu ou pas d'amis ; ou encore évite de répondre aux questions, on pousse l'enquête un peu plus loin.

◆ Dans le doute, on ne s'abstient pas : on vérifie ! Toutefois, on s'assure de recueillir le plus d'informations possible avant de sauter aux conclusions.

◆ On lui demande de nous raconter en détail ce qui s'est passé et quels gestes il a faits pour mettre un terme à la situation. On l'écoute attentivement et on l'assure de notre soutien et de notre aide dans la recherche d'une solution.

◆ On l'encourage à dénoncer auprès de l'école les événements dont il est victime. On lui déconseille d'essayer de se venger, car cela pourrait envenimer la situation.

La situation perdure ?

◆ On aborde le sujet avec les enseignants de notre enfant et les membres du personnel concernés. Sont-ils au courant de la situation ? Qu'ont-ils observé ? Ont-ils tenté quelque chose pour faire cesser le harcèlement ?

◆ On communique avec la direction de l'école. Lors du dépôt d'une plainte liée à un acte de violence ou d'intimidation, l'article 96.12 de la Loi sur l'instruction publique autorise le directeur ou la directrice de l'établissement à communiquer rapidement avec les parents des élèves impliqués pour les informer des mesures prévues par l'école dans le cadre du Plan de lutte contre l'intimidation et la violence.

◆ On n'a pas de nouvelles de la direction? On communique de nouveau avec elle, mais par écrit, et on fait parvenir une copie de la lettre ou du courriel à la direction générale de la commission scolaire (chaque commission scolaire a prévu un mécanisme de plainte à cet effet).

◆ Si le problème perdure ou si l'on est insatisfait de la façon dont l'école et la commission scolaire ont donné suite à notre requête, on s'adresse au protecteur de l'élève de la commission scolaire.

◆ Si, pendant le processus, on craint pour la sécurité de notre enfant ou s'il semble victime d'un acte criminel (harcèlement, agression sexuelle, menaces, extorsion, etc.), on prend l'initiative personnelle de communiquer avec la police. Pour plus d'informations, on visite le site *Branché sur le positif* (branchepositif.gouv.qc.ca).

◆ Si le problème persiste, on n'hésite pas à demander de l'aide et à consulter différentes ressources (psychologue, travailleur social, service de police).

Si on croit que notre enfant est un agresseur:

◆ On intervient le plus tôt possible, avant que la situation ne devienne hors de contrôle.

◆ On lui demande des explications. Surtout, on lui fait comprendre que son comportement est inacceptable.

◆ On identifie avec lui les conséquences de l'intimidation (les agresseurs font souvent preuve de peu d'empathie envers leurs victimes).

◆ On lui propose différentes façons de maîtriser son impulsivité.

◆ On travaille de concert avec le personnel de l'école pour faire cesser la situation.

DUR, DUR, LA DIFFÉRENCE!

On le sait, les enfants peuvent être cruels. Quand notre jeune
entre à l'école, il s'expose aux critiques et jugements de ses
camarades. La différence n'est pas toujours facile à assumer!
Voici quelques trucs pour aider l'enfant à s'accepter tel qu'il est.

Il est petit pour son âge et ça le complexe

Quand un enfant est malheureux, il faut d'abord l'écouter et lui permettre d'exprimer ses sentiments. «Juste le fait de dire ce qu'on ressent apporte un certain soulagement», souligne la psychologue Danielle Hémond. Surtout, on évite de nier l'évidence si notre garçon est réellement petit. «On pense le consoler en lui disant que sa taille est dans la moyenne, mais en fait, on lui ment, tout en laissant sous-entendre que c'est lui qui a tort», ajoute-t-elle. Cela dit, on ne doit pas non plus tomber dans l'excès contraire et s'apitoyer sur son sort. Le mieux est de faire écho à ses sentiments pour qu'il se sente compris («Tu trouves cela difficile, d'être le plus petit de ta classe?») et d'orienter la discussion vers l'acceptation des différences individuelles. On peut parler de nous, si on a déjà été complexé par une partie de notre corps. Comment se sentait-on, alors? Et aujourd'hui? Puis, on insiste sur toutes les belles qualités qui le rendent unique. Enfin, on lui donne de l'espoir: les garçons peuvent grandir jusqu'au début de l'âge adulte.

Stressée parce qu'elle doit porter des lunettes?

Notre fille craint de faire rire d'elle ou d'être moins jolie?

◆ On lui souligne que les lunettes peuvent être un accessoire mode, tout comme les bijoux. Et, bien sûr, on la laisse choisir une monture qui lui plaît.

◆ Sur Internet ou dans les magazines, on lui montre des vedettes qui portent des lunettes.

◆ On attend la fin de semaine pour lui faire porter ses lunettes pour la première fois. Cela lui permettra de tester son nouveau look auprès des membres de la famille et de ses amis.

◆ À l'école, les premiers temps, on la laisse porter ses lunettes uniquement en classe, si c'est ce qu'elle désire. On peut aussi demander à l'enseignante de porter attention aux remarques désobligeantes.

◆ Enfin, on lui dit que cela la prépare à toutes les autres fois où elle devra assumer sa différence!

Mon enfant a un surplus de poids

Notre enfant entrera en première année cet automne… et on ne peut s'empêcher de se demander comment ses nouveaux camarades réagiront devant ses «poignées d'amour».

Oui, il se pourrait qu'il entende des commentaires pas très gentils et qu'il rentre parfois de l'école en pleurant. «Il aura besoin d'être consolé, dit la psychologue Danielle Hémond. On doit le soutenir, mais pas le traiter en victime. Il faut reconnaître le problème, mais on ne gagne rien à rester dans la complainte.» On implique plutôt notre enfant dans la recherche d'une solution, et on travaille sur sa confiance et son estime de soi en faisant valoir qu'il existe une diversité de corps et que chacun a sa place.

Danielle Hémond suggère de revenir sur les événements pour mieux comprendre comment notre jeune se positionne relativement à cette situation. «S'il raconte qu'il est allé sécher ses larmes auprès d'une enseignante, on le félicite, car il doit comprendre qu'il y a toujours quelqu'un pour l'aider et qu'il n'a pas à régler ce problème tout seul. S'il dit avoir sangloté seul dans son coin, c'est problématique. Peut-être vaut-il mieux, si cela se reproduit, en glisser un mot au professeur.»

Et si le problème était ailleurs ?

Dans certains cas, ce n'est peut-être pas tant le surplus de poids qui cause un problème qu'un facteur parallèle. «Peut-être que l'embonpoint de notre petit le rend maladroit et que c'est la principale raison pour laquelle on ne le choisit jamais pour les sports d'équipe, expose Danielle Hémond. Ou encore, se pourrait-il qu'il ait développé une certaine agressivité et que, dès la première taquinerie sur son poids, il contre-attaque violemment, ce qui provoque son rejet par ses pairs ? Comme parent, il faut pouvoir reconnaître les lacunes de notre enfant, car elles interviennent parfois dans les situations difficiles qu'il vit.»

Une fois ce constat fait, on cherche avec notre enfant ce qui pourrait améliorer la situation. S'il est malhabile dans les sports, on lui propose de l'aider à se pratiquer. Sa peur du rejet le rend maladroit avec les autres ? On lui suggère d'apprendre à développer son sens de l'humour.

Elle s'habille mal ?

Notre fille insiste pour choisir ses vêtements. L'ennui, c'est que le résultat fait parfois mal aux yeux. Doit-on la laisser décider de sa tenue même si les morceaux et les couleurs sont mal assortis ? La psychologue Mélanie Gosselin croit que oui. « Il y a tellement d'aspects de sa vie que notre enfant ne contrôle pas ! Il faut au moins lui laisser de la latitude quant à son habillement. D'autant plus que c'est avec les vêtements, entre autres, qu'elle découvrira et exprimera son style et sa personnalité. » D'accord, mais on ne voudrait pas qu'elle fasse rire d'elle… « Que peut-il lui arriver de pire ? demande la psychologue. Se faire taquiner un peu dans la cour d'école ? Est-ce si grave ? » Sans compter que la réaction de ses camarades aura probablement plus d'impact que nos discours. Notre fille ajustera alors son look… ou s'affirmera encore plus. Parions, cependant, qu'elle n'essuiera aucune remarque. Et puis, ce qu'on trouve laid est peut-être tendance dans les cours d'école ! Toutefois, si sa tenue vestimentaire est inappropriée, on exerce notre droit de veto. Mélanie Gosselin donne l'exemple des leggings que certaines fillettes portent avec un chandail trop court. « On peut dire à notre fille que c'est comme si elle portait des collants et un haut, mais pas de jupe. Ça ne se fait pas. » Cela dit, on peut l'aider en la conseillant sur la façon d'agencer les couleurs, les motifs et les styles.

LE **PARASCOLAIRE**

Au Canada, le pourcentage de jeunes de 10 à 13 ans qui
pratiquent une activité parascolaire organisée est de 91 %.
Les plus petits ne sont pas loin derrière : 81 % des 6 à 9 ans
sont aussi occupés par celles-ci. Est-ce que les activités
parascolaires sont devenues incontournables ?
Qu'apportent-elles à nos enfants en milieu scolaire ?

Pour ou contre les activités parascolaires ?

Notre grande insiste pour s'inscrire à un cours de hip-hop à l'école « comme mes amies ». Or, on court déjà pas mal pendant la semaine. Est-ce une bonne idée d'ajouter cet extra à l'horaire ?

La pratique d'une activité parascolaire permet à l'enfant d'évacuer le stress des classes, de se changer les idées, de développer de nouveaux talents, d'élargir ses centres d'intérêt et de renforcer son sentiment d'appartenance à l'école. En revanche, un horaire chargé d'obligations supplémentaires pourrait surstimuler notre fille, la fatiguer davantage et peser sur l'organisation familiale.

« Il y a lieu de se questionner, car je ne crois pas que cela convienne à tous les enfants, croit Nancy Doyon, éducatrice spécialisée et coach familiale. Certains ont besoin de ne rien faire au retour de l'école, d'avoir un moment qui leur appartient et lors duquel ils ne sont pas encadrés. Il ne faut pas sous-estimer cela. Ne rien faire est excellent pour la santé mentale et stimule la créativité. On a une génération complète d'enfants surstimulés qui deviennent anxieux lorsqu'ils sont laissés à eux-mêmes. » Mais comment savoir si la participation à une activité parascolaire conviendra à notre fille ?

On l'inscrit si :

◆ La proposition vient d'elle et qu'elle le désire vraiment. « Dans ce cas, on choisit une activité qui répond aux intérêts de l'enfant, affirme Nancy Doyon. On ne la fait pas jouer au soccer parce qu'on souhaite qu'elle suive nos traces ! »

◆ Notre fille est particulièrement introvertie et passive. « Parfois, il faut pousser un peu certains enfants pour qu'ils bougent ou socialisent », affirme la coach.

On passe notre tour si :

◆ Notre fille vient d'intégrer la maternelle ou la première année. « Ça fait déjà beaucoup de nouveauté pour elle, ses capacités adaptatives se trouveraient trop sollicitées, met en garde Nancy Doyon. Si elle y tient beaucoup, on peut l'inscrire à une courte activité qui se déroule la fin de semaine. »

Comment trouver l'activité qui lui conviendra le mieux?

L'école, ce n'est pas seulement les cours et les travaux: c'est aussi la vie parascolaire. Mais quelle activité devrait-on choisir pour notre enfant? Et comment ça fonctionne?

D'abord, les activités parascolaires se déroulent généralement après la classe, à raison d'une heure par semaine, au sein même de l'école. Elles sont souvent payantes. Bien qu'elles diffèrent d'un établissement à l'autre, elles sont regroupées en trois grandes familles: les activités artistiques (arts visuels, danse, art dramatique, éveil musical, etc.), les activités sportives (hockey cosom, basketball, taekwondo, soccer, etc.) et les activités éducatives (sciences, échecs, cours de cuisine, etc.).

Le choix d'une activité doit évidemment tenir compte des intérêts de l'enfant, mais peut aussi se faire en fonction de certains besoins. «Par exemple, les activités sportives aideront les petits hyperactifs à canaliser leur énergie, illustre Marie-Claude Goulet, directrice de l'organisme Parasco-équitable, qui s'occupe du volet parascolaire dans différentes écoles. Les échecs peuvent aider les lunatiques à développer leur concentration, et le yoga permet aux anxieux de mieux gérer leur stress.»

S'impliquer dans la vie étudiante

Certaines écoles mettent aussi en place des parlements étudiants où les représentants de classe, élus par leurs compagnons, forment divers comités qui organisent des projets pour l'ensemble des élèves. «On tient des réunions toutes les deux semaines, à l'heure du dîner, raconte Marie Frenette, une mère bénévole qui supervise le travail de l'organisation de participation des jeunes (OPJ) de l'école Saint-Antoine-Marie-Claret, à Montréal. Les élèves ont de petites tâches à remplir, mais sur une base volontaire. Par contre, on compte sur eux pour consulter leurs camarades de classe et les tenir informés du déroulement des choses.» Selon Marie Frenette, ce type d'implication s'adresse plus spécialement aux enfants créatifs qui font preuve d'initiative, sont à l'aise de s'exprimer devant un groupe et démontrent un certain sens de la discipline et une ouverture aux idées des autres.

Enfin, peu importe l'activité choisie, Marie-Claude Goulet et Marie Frenette sont formelles : grâce au parascolaire, l'enfant développe de nouvelles aptitudes, noue des amitiés avec des élèves qu'il ne côtoie pas habituellement et retire un grand sentiment de fierté de ses réalisations.

Il est timide. Le parascolaire est-il pour lui ?

Notre petit dernier est un grand timide. L'inscrire à une activité parascolaire l'aiderait-il à sortir de sa coquille ?

«Oui, à condition que l'activité corresponde vraiment à ses goûts, répond François Coutellier, copropriétaire de l'entreprise Air en fête, spécialisée dans les activités parascolaires. Plusieurs parents ont le réflexe d'inscrire leur jeune à un cours de théâtre ou d'art dramatique pour l'aider à surmonter sa timidité. Seulement, ça pourrait empirer les choses s'il n'aime pas ça.»

Amener un enfant introverti à socialiser résulte souvent d'une réaction en chaîne, observe François Coutellier. «L'enfant qui commence à pratiquer un loisir qu'il adore remarque qu'il est entouré d'autres jeunes qui entretiennent la même passion que lui. Le déclic se fait et les conversations s'engagent. Il obtient la reconnaissance d'un groupe qui partage ses intérêts.» Le plaisir que procure à l'enfant la pratique de cette activité et le sentiment d'appartenance qu'il développe envers son groupe contribuent à son épanouissement person-nel, lequel mène à une plus grande confiance en soi. «Si le jeune constate qu'il a une facilité d'ouverture et qu'il parvient à bien communiquer avec les autres, il ne sera plus la même personne. Il ne laissera plus transparaître la personne timide qu'il était auparavant. Sa façon de s'adresser aux gens va changer et la socialisation s'effectuera beaucoup plus facilement.»

Mais attention : à l'inverse, le petit qui se retrouve catapulté dans un cours qui ne lui dit rien pourrait se refermer encore plus sur lui-même. «Comment peut-il développer un sentiment d'appartenance à un groupe qui partage une passion dans laquelle il ne se reconnaît pas ? Surtout s'il s'agit d'une troupe d'art dramatique composée d'enfants extravertis... Il ne se sentira pas à sa place», croit François Coutellier.

Le parascolaire nuit-il à ses études?

On ne se le cachera pas : notre fille n'aime pas l'école, et ses résultats scolaires sont passables, sans plus. Devrait-on couper dans ses nombreuses activités parascolaires pour qu'elle réussisse mieux en classe?

Lucie Chabot-Roy, enseignante de deuxième année à l'école Morissette, à Québec, ne le croit pas : « Un enfant dont les résultats se sont toujours situés autour de 70 % ne deviendra pas nécessairement un premier de classe, même s'il consacre plus de temps à ses devoirs et ses leçons. Certains enfants sont doués pour les études, d'autres non. »

« De manière générale, le parascolaire n'affecte pas la réussite scolaire d'un élève, poursuit l'enseignante. On a tendance à dire : "Oui, mais s'il ne passait pas son temps au soccer après l'école, peut-être que ses notes seraient meilleures…" Il faut plutôt se demander si, une fois le soccer coupé, l'enfant consacrerait réellement cette case horaire à ses devoirs et leçons. Et même s'il le faisait, cela lui ferait-il aimer l'école davantage? Probablement pas. Alors, à ce compte, il vaut mieux poursuivre les cours de soccer, car il y apprend tout de même des choses et y développe certaines aptitudes. »

En fait, pour les enfants qui n'aiment pas l'école, le parascolaire constitue souvent un atout précieux. « Ça les valorise et ça contribue à leur estime de soi, rappelle Lucie Chabot-Roy. Car ces élèves tirent bien peu de valorisation de leurs difficultés et de leurs piètres réalisations en classe. »

Si la participation de notre fille à de nombreuses activités nous semble problématique, Lucie Chabot-Roy propose de conclure une entente avec elle. « On l'invite à lister ses activités parascolaires en commençant par celle qu'elle préfère et dans laquelle elle s'implique le plus, jusqu'à celle qu'elle aime le moins, suggère l'enseignante. On lui demande ensuite de maintenir un certain niveau à l'école en lui disant que, si ses notes s'en ressentent, on coupera la dernière activité sur la liste. Mais on aurait tort d'éliminer ses occupations préférées. »

{6}

DÉJEUNERS, LUNCHS ET COLLATIONS

Si on a deux enfants d'âge scolaire, on doit préparer environ 360 lunchs dans l'année, et autant de collations. Ça demande de l'inspiration ! Pour renouveler notre répertoire, varier les plaisirs et s'assurer que nos enfants mangent sainement dès le saut du lit, voici quelques trucs et idées gourmandes à proposer au déjeuner ou à glisser dans leurs sacs d'école et leurs boîtes à lunch.

BIEN NOURRIR NOS ÉCOLIERS

De quoi nos jeunes ont-ils vraiment besoin
pour tenir toute la journée ? Quelles quantités leur offrir
pour s'assurer qu'ils soient rassasiés tout en évitant
le gaspillage ? Comment rendre l'heure du lunch
attrayante ? Quelques conseils de pro.

Le b.a.-ba d'une saine alimentation

Les bons aliments que nos enfants mangent chaque jour les aident à grandir, mais aussi à apprendre. Et ils bénéficieront longtemps des choix qu'ils font maintenant, car c'est pendant l'enfance que se forment les goûts et les habitudes alimentaires qui les suivront toute leur vie.

Le déjeuner : une priorité

De façon générale, les enfants qui déjeunent le matin apprennent et réussissent mieux à l'école. De plus, ils ont une endurance physique supérieure, jouissent d'une meilleure santé et sont plus nombreux à avoir un poids santé. Pas faim? Pas le temps? Rien n'empêche de prendre ce repas important en « pièces détachées ». Par exemple, un fruit au saut du lit, un yogourt avant de partir et une barre de céréales dans la voiture ou l'autobus.

Une boîte à lunch appétissante

Pour assurer la qualité du repas, une belle variété et une quantité adéquate, un lunch maison n'a pas son pareil. En prévision de la visite à l'épicerie, on peut convenir avec nos enfants du menu de la semaine. On en profitera pour les encourager à manger autre chose que des sandwichs au jambon (ils peuvent, par exemple, varier le pain et remplacer les charcuteries par un reste de poulet ou de bœuf cuits) et à inclure chaque jour un produit laitier et un fruit ou un légume, ces grands oubliés.

Et les collations?

La plupart des enfants en ont besoin, surtout lorsqu'ils reviennent de l'école, affamés. Elles les soutiennent jusqu'au repas suivant et les aident à combler leurs besoins nutritionnels élevés. Dans la mesure où la collation est offerte deux à trois heures avant le repas, elle ne gâte pas leur appétit. À privilégier : les grains entiers, les fruits, les légumes et les produits laitiers. Par exemple, un biscuit au gruau avec du lait ou quelques morceaux de fromage et de fruits.

C'est jour d'examen?

L'aliment magique qui lui donnera la note parfaite n'existe malheureusement pas. Une performance intellectuelle (ou physique) optimale est le fruit de plusieurs bonnes habitudes de vie, comme un sommeil suffisant, une alimentation équilibrée et la pratique régulière d'activités physiques. Par contre, pour que son cerveau ne manque pas de glucose (son carburant), on s'assurera que notre jeune prodige avale un bon déjeuner avant d'aller en classe.

Éduquer par l'exemple

Les enfants nous imitent, pour le meilleur ou pour le pire! Ils apprennent à aimer et à manger ce que maman et papa aiment et mangent. Nul besoin de supplier, de menacer ou de faire de longs exposés sur les vitamines. Le simple fait de nous voir prendre plaisir à manger nos petits pois ou à déjeuner le matin suffit à les convaincre que c'est la bonne chose à faire... même si résultat n'est pas toujours immédiat!

LES 10 LEÇONS DE BASE
D'UNE SAINE ALIMENTATION

1 Décider quels aliments entrent dans la maison et ce qui se retrouve sur la table.

2 Cuisiner des repas réunissant des aliments des quatre groupes alimentaires.

3 Prévoir des collations combinant des aliments de deux groupes alimentaires.

4 Offrir les repas et les collations à des heures régulières.

5 Laisser l'enfant décider de la quantité qu'il mangera.

6 Impliquer l'enfant dans la préparation de ses lunchs.

7 Insister pour que notre petit déjeune.

8 Prendre le repas du soir en famille.

9 Prêcher par l'exemple.

10 Permettre les gâteries sur une base occasionnelle.

À CHACUN **SON LUNCH** !

De 5 à 8 ans : attention à la nouveauté !

On aimerait introduire une recette ou un aliment nouveau ? Si on ne veut pas risquer que notre petit ait le ventre vide tout l'après-midi, mieux vaut attendre un repas à la maison : il pourra alors s'y habituer graduellement.

◆ **Légumes et fruits : 1 1/2 portion**

Ex. : 1 boîte de jus (200 ml), 1 1/2 tranche d'ananas ou 3/4 t (180 ml) de salade de carottes

◆ **Produits céréaliers : 1 portion**

Ex. : 1/2 muffin anglais, 1/2 t (125 ml) de quinoa cuit ou 1 oz (30 g) de craquelins

◆ **Lait et substituts : 1/2 portion**

Ex. : 1/2 t (125 ml) de lait au chocolat ou 1 tranche (25 g) de cheddar

◆ **Viandes et substituts : 1/2 portion**

Ex. : 1 œuf dur, 1/2 t (125 ml) de salade de légumineuses, 1 tranche (30 g) de dinde rôtie

De 9 à 12 ans : mollo avec la collation du matin !

Trop copieuse ou trop près du dîner, elle pourrait couper son appétit.

◆ **Légumes et fruits : 2 portions**

Ex. : 1 t (250 ml) de melon d'eau, 1/2 t (125 ml) de mangue séchée ou 1 pomme de terre

◆ **Produits céréaliers : 2 portions**

Ex. : 2 tranches de pain, 1 t (250 ml) de riz cuit ou 1/2 pain naan

◆ **Lait et substituts : 1 portion**

Ex. : 1 yogourt à boire (200 ml) ou 1 lait frappé à la vanille en format individuel (200 ml)

◆ **Viandes et substituts : 1/2 portion**

Ex. : 1/3 t (80 ml) de lentilles cuites, 1 tranche (30 g) de jambon ou 1/3 t (80 ml) de hoummos

8 STRATÉGIES
POUR DES LUNCHS GAGNANTS

Pas facile de préparer jour après jour des lunchs qui soient intéressants, variés et nutritifs! Voici nos conseils pour rendre la tâche plus agréable.

 Planifier. Les bonnes intentions s'envolent en fumée lorsqu'on est pressé et qu'on n'a ni les aliments sous la main ni les idées en tête. Pourquoi ne pas prévoir certains repas à l'avance? Il suffit de convenir avec nos enfants de deux ou trois menus hebdomadaires, qu'on pourra réutiliser en alternance une partie de l'année. Au préalable, on fait un petit tour à l'épicerie ensemble pour s'inspirer.

 Garnir garde-manger et congélateur. Barres de céréales, biscuits à l'avoine, fruits séchés, petites boîtes de jus, de lait, de compote, de thon ou de salade de légumineuses: ces aliments se gardent facilement plusieurs mois. Lorsqu'on prépare les repas de la semaine, on peut aussi mettre de côté un peu de soupe, de lasagne, de chili ou de poulet cuit, et quelques muffins ou tranches de gâteau pour les congeler en portions individuelles.

 Être créatif. Les enfants se lassent rapidement, même de leurs aliments préférés, parce qu'ils accordent de l'importance au goût et à l'aspect de ce qu'ils mangent. Pour conserver leur intérêt, on râpe les carottes ou on les taille en rondelles plutôt qu'en bâtonnets, on fait cuire la pâte à muffins dans un moule à pain et on coupe en tranches le gâteau obtenu, on congèle différents pains (tortillas, pitas, muffins anglais, bagels, pains à sous-marin) et on change la sorte (ou la forme, grâce à des emporte-pièce) selon l'humeur. Même les pommes et les raisins sont offerts en plusieurs variétés!

Y aller petit. De trop grosses portions peuvent décourager un enfant et l'amener à se désintéresser de tout son repas. Les jeunes
adorent choisir parmi une variété d'aliments servis en petites quantités, surtout lorsque ceux-ci se mangent avec les doigts. C'est comme
ouvrir un cadeau de fête chaque fois ! Cela les incite même souvent
à manger davantage.

 Impliquer les enfants. Qu'il s'agisse de décider du menu, de préparer ou même d'emballer son lunch, l'enfant qui met la main à la pâte
a de bien meilleures chances d'apprécier son repas.

 Faire le lunch la veille. La priorité du matin, c'est le déjeuner, pas
le dîner. En préparant les sandwichs, en mettant le yogourt dans des
plats individuels, en cuisant les œufs ou en coupant les fruits, les
crudités ou le fromage la veille, on réduira considérablement notre
niveau de stress. Le meilleur moment : l'heure du souper, quand les
aliments et les ustensiles sont déjà sortis. De plus, en séjournant
toute la nuit au frigo, nos aliments auront l'avantage de refroidir à
fond, de sorte qu'ils resteront frais plus longtemps le lendemain (on
n'oublie toutefois pas le bloc réfrigérant !).

 Ajouter un petit quelque chose de spécial. Une des raisons pour
lesquelles nos petits raffolent des repas de *fast-food* et des céréales
pour enfants, c'est la surprise à l'intérieur ! À l'occasion, un billet
doux, un autocollant, une serviette de table spéciale ou toute autre
babiole bon marché saura mettre l'ambiance à la fête. Surprise !

 Maintenir la communication. On demande régulièrement à nos
enfants ce qu'ils ont aimé ou non dans leur lunch, s'ils ont jeté des
aliments et pourquoi, si les quantités convenaient à leur appétit et
comment on pourrait améliorer les choses.

À quel âge peut-elle faire son lunch?

Dès la maternelle, notre mousse peut participer à la confection de son lunch, selon la nutritionniste Geneviève O'Gleman. «C'est préférable de commencer tôt, car cela s'intégrera tout naturellement à sa routine», dit-elle. Elle conseille d'y aller de façon graduelle, en commençant par lui offrir des choix: compote ou yogourt? sandwich aux œufs ou au poulet? À l'épicerie, on lui fait choisir des aliments pour ses lunchs. Le week-end, on cuisine avec lui de bonnes choses pour l'école. Peu à peu, on lui confie de petites tâches: mettre les crudités dans un contenant, remplir sa gourde, placer une feuille de laitue dans son sandwich. Entre la 4e et la 6e année du primaire, les enfants sont capables de faire leur lunch seuls. Notre rôle consiste alors à remplir le frigo et le garde-manger d'aliments sains et variés. «Au début, on supervise le résultat final et on demande des ajustements, si nécessaire.» Elle a 12 ans et on prépare encore ses lunchs? Elle rechignera peut-être, mais il n'est jamais trop tard pour lui confier cette tâche, en augmentant graduellement ses responsabilités.

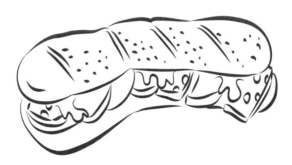

LES ALLERGIES ALIMENTAIRES

Si notre enfant est allergique à un ou à plusieurs
aliments, chaque année l'école est une source de stress
pour lui et pour nous. On ne veut pas qu'il soit mis
à l'écart, mais comment s'assurer qu'il ne soit jamais
en contact avec ces allergènes?

ENFANT ALLERGIQUE?
5 CONSEILS POUR LA RENTRÉE

Fiston est allergique aux kiwis, aux noix, ou aux deux? La rentrée comporte alors un lot de difficultés supplémentaires. Julie La Rochelle, fondatrice des Aliments Ange Gardien et coauteure du livre *Peut contenir des traces de bonheur. Recettes, trucs et conseils pour les personnes souffrant d'allergies alimentaires et leur entourage*, avec Jean-Sébastien Lord, nous offre ses meilleurs conseils pour aborder l'année scolaire avec confiance.

 On établit un dialogue avec l'école. Au moment de la rentrée ou même plus tôt, on aborde la question. On crée une fiche pour notre enfant (avec sa photo), que l'on remet au professeur, à la responsable du service de garde, à la direction de l'école et à l'infirmière, en indiquant clairement ses allergies et les synonymes qui peuvent apparaître dans les listes d'ingrédients (par exemple, le lait peut aussi être présent sous forme de substances laitières modifiées, de lactosérum, etc.). On présente un portrait détaillé des symptômes d'une éventuelle crise allergique (plaques, enflure, etc.). S'il s'agit d'une allergie sévère, on précise à quel moment il faut utiliser l'auto-injecteur (le fameux Epipen; on note aussi où il se trouve) et appeler le 911 (voir *Il a un problème de santé. Comment assurer sa sécurité à la maternelle?*, p. 18).

 On responsabilise notre enfant. À cinq ans, il devrait bien comprendre quelles sont ses allergies et savoir qu'il ne doit jamais accepter les aliments qui n'ont pas reçu notre approbation. On peut faire des mises en situation avec lui pour s'assurer que c'est bien le cas.

On s'assure que notre enfant n'est pas tenu à l'écart. Son allergie ne devrait pas l'exclure des repas ou des activités de groupe. On peut lui assurer un environnement plus sécuritaire en fournissant un napperon lavable identifié à son nom, qui ne doit accueillir que son propre lunch et ses collations. On demande aussi d'être avisé à l'avance lorsque l'école célèbre l'anniversaire d'un autre enfant, de façon à fournir à notre petit un dessert approprié. Si l'école organise des ateliers culinaires ou des bricolages à partir de matières récupérées (cartons de lait ou d'œufs), on prévoit autre chose pour notre enfant.

 On préconise une bonne hygiène de vie à l'école. On encourage notre enfant à se laver les mains systématiquement avant et après les repas. Si l'allergie est sévère, on peut demander qu'il soit le premier à réchauffer son dîner au micro-ondes (si l'école en fournit), pour éviter la contamination croisée.

 On tente de dédramatiser. Une fois que le personnel de l'école et notre enfant sont conscients des gestes essentiels, on leur fait confiance. Ils sauront faire ce qu'il faut pour éviter le pire.

DES RECETTES
POUR SURPRENDRE JUNIOR

Pour lui donner envie de bien déjeuner avant d'affronter sa journée d'école, pour varier le contenu de sa boîte à lunch et faire le plein d'idées nouvelles pour les collations, voici un brin d'inspiration.

Beurre de noix de
cajou à la cannelle

Beurre d'arachides
au chocolat noir

Beurre d'amandes
choco-bananes

Beurre de pacanes
au sirop d'érable

LE DÉJEUNER

Du nouveau à mettre sur ses rôties le matin, à ajouter
à son bol de céréales ou à boire pour un déjeuner sur le pouce.
Le but ultime : réveiller ses papilles avec bonheur !

Beurre de pacanes au sirop d'érable

Rapide + contient des noix

- ◆ DONNE ENVIRON 1 T (250 ML)
- ◆ PRÉPARATION : 10 min
- ◆ CUISSON : 5 à 10 min

2 t	pacanes	500 ml
2 c. à tab	sirop d'érable	30 ml
1 à 2 c. à tab	huile végétale	15 à 30 ml

1 Étendre les pacanes sur une plaque de cuisson et cuire au four préchauffé à 350°F (180°C) de 5 à 10 minutes ou jusqu'à ce qu'elles dégagent leur arôme (les remuer une ou deux fois). Laisser refroidir.

2 Au robot culinaire, moudre les pacanes refroidies en actionnant et en arrêtant successivement l'appareil. Ajouter le sirop d'érable et 1 c. à tab (15 ml) de l'huile et mélanger de 5 à 10 minutes ou jusqu'à ce que le beurre de pacanes soit lisse et homogène (racler la paroi de temps à autre ; au besoin, ajouter le reste de l'huile). Mettre le beurre de pacanes dans un pot. (Il se conservera jusqu'à 1 semaine à la température ambiante.)

PAR PORTION de 1 c. à tab (15 ml) : **cal.** 100 ; **prot.** 1 g ; **m.g.** 10 g (1 g sat.) ; **chol.** aucun ; **gluc.** 3 g ; **fibres** 1 g ; **sodium** aucun.

Beurre de noix de cajou à la cannelle

Rapide + contient des noix

- ◆ DONNE ENVIRON 3/4 T (180 ML)
- ◆ PRÉPARATION : 10 min
- ◆ CUISSON : aucune

1 1/2 t	noix de cajou rôties non salées	375 ml
1/2 c. à thé	cannelle moulue	2 ml
1/2 c. à thé	vanille	2 ml
3 c. à tab	miel liquide	45 ml

1 Au robot culinaire, mélanger tous les ingrédients pendant environ 8 minutes ou jusqu'à ce que le beurre de noix de cajou soit lisse et homogène (racler la paroi de temps à autre). Mettre le beurre de noix de cajou dans un pot. (Il se conservera jusqu'à 1 semaine à la température ambiante.)

PAR PORTION de 1 c. à tab (15 ml) : **cal.** 115 ; **prot.** 3 g ; **m.g.** 8 g (2 g sat.) ; **chol.** aucun ; **gluc.** 10 g ; **fibres** 1 g ; **sodium** 3 mg.

Beurre d'arachides au chocolat noir

- ◆ DONNE ENVIRON 1 1/2 T (375 ML)
- ◆ PRÉPARATION : 10 min
- ◆ CUISSON : aucune

1 t	arachides rôties non salées	250 ml
1 c. à tab	huile végétale	15 ml
1/4 t	cassonade	60 ml
1 c. à thé	vanille	5 ml
1	pincée de fleur de sel	1
1/2 t	chocolat mi-amer haché, fondu	125 ml

1 Au robot culinaire, moudre les arachides en actionnant et en arrêtant successivement l'appareil. Incorporer l'huile petit à petit. Ajouter la cassonade, la vanille et la fleur de sel et mélanger de 5 à 10 minutes ou jusqu'à ce que le beurre d'arachides soit lisse et homogène (racler la paroi de temps à autre). Incorporer le chocolat. Mettre le beurre d'arachides dans un pot. (Il se conservera jusqu'à 1 semaine à la température ambiante.)

PAR PORTION de 1 c. à tab (15 ml) : **cal.** 80 ; **prot.** 2 g ; **m.g.** 6 g (2 g sat.) ; **chol.** aucun ; **gluc.** 8 g ; **fibres** 1 g ; **sodium** 8 mg.

Beurre d'amandes choco-bananes

- ◆ DONNE ENVIRON 1 1/2 T (375 ML)
- ◆ PRÉPARATION : 10 min
- ◆ CUISSON : aucune

1	pot de beurre d'amandes (250 g)	1
3 c. à tab	poudre de cacao non sucrée	45 ml
1/2 c. à thé	vanille	2 ml
2 c. à tab	miel liquide	30 ml
1	banane mûre	1
1 1/2 c. à tab	eau	22 ml
1 1/2 c. à tab	huile de tournesol	22 ml
1/4 t	lait de soja	60 ml

1 Au robot culinaire, mélanger tous les ingrédients pendant environ 5 minutes ou jusqu'à ce que le beurre d'amandes soit lisse et homogène (racler la paroi de temps à autre). Mettre le beurre d'amandes dans un pot et réfrigérer. (Il se conservera jusqu'à 1 mois au réfrigérateur.)

PAR PORTION de 1 c. à tab (15 ml) : **cal.** 80 ; **prot.** 2 g ; **m.g.** 7 g (1 g sat.) ; **chol.** aucun ; **gluc.** 5 g ; **fibres** 1 g ; **sodium** 25 mg.

Tartinade à l'orange et à l'ananas

- ◆ DONNE ENVIRON 2 1/2 T (625 ML)
- ◆ PRÉPARATION : 15 min
- ◆ CUISSON : 10 min
- ◆ RÉFRIGÉRATION : 12 h

1	sachet de gélatine sans saveur (7 g)	1
2 c. à tab	eau	30 ml
1	orange défaite en quartiers, hachée	1
1 t	ananas frais, haché	250 ml
1/2	boîte de jus de raisin blanc concentré surgelé (la moitié d'une boîte de 341 ml)	1/2
1/3 t	jus d'orange concentré surgelé	80 ml
1/2	sachet de pectine liquide (de type Bernardin) (la moitié d'un sachet de 85 ml)	1/2

1 Dans un petit bol, saupoudrer la gélatine sur l'eau. Laisser gonfler la gélatine pendant environ 5 minutes.

2 Dans une casserole autre qu'en aluminium, mélanger l'orange, l'ananas, les jus de raisin et d'orange et la pectine. Porter à ébullition en brassant. Retirer du feu et incorporer la préparation de gélatine en brassant jusqu'à ce qu'elle soit dissoute. Verser la tartinade dans des pots, laisser refroidir et réfrigérer pendant au moins 12 heures. (Elle se conservera jusqu'à 2 semaines au réfrigérateur.)

PAR PORTION de 1 c. à tab (15 ml) :
cal. 15 ; **prot.** traces ; **m.g.** aucune ;
chol. aucun ; **gluc.** 4 g ; **fibres** traces ;
sodium 1 mg.

Beurre de pommes
et de poires à la
mijoteuse

Tartinade à l'orange
et à l'ananas

Compote de
mangue à la lime

Tartinade
cerise-abricot

Tartinade cerise-abricot

Rapide

- ◆ DONNE ENVIRON 1 T (250 ML)
- ◆ PRÉPARATION : 10 min
- ◆ CUISSON : 20 min

1/2 t	cerises ou canneberges séchées	125 ml
1/2 t	abricots séchés hachés	125 ml
1 t	jus d'orange	250 ml

1 Mettre tous les ingrédients dans une petite casserole à fond épais et porter à ébullition. Réduire le feu et laisser mijoter à découvert pendant 20 minutes. Égoutter le mélange en réservant le jus de cuisson.

2 Au robot culinaire, réduire le mélange en purée en ajoutant environ 2 c. à tab (30 ml) du jus de cuisson réservé pour donner une consistance lisse à la tartinade. Mettre la tartinade dans un pot, laisser refroidir et réfrigérer. (Elle se conservera jusqu'à 2 semaines au réfrigérateur.)

PAR PORTION de 1 c. à tab (15 ml) :
cal. 25 ; **prot.** traces ; **m.g.** aucune ; **chol.** aucun ; **gluc.** 7 g ; **fibres** 1 g ; **sodium** 1 mg.

Compote de mangue à la lime

- ◆ DONNE ENVIRON 2 T (500 ML)
- ◆ PRÉPARATION : 10 min
- ◆ CUISSON : 25 min

4 t	mangues surgelées (1 sac de 600 g)	1 L
1/4 t	sucre	60 ml
1/4 t	miel liquide	60 ml
	le zeste et le jus de 1 lime	

1 Mettre tous les ingrédients dans une casserole à fond épais et porter à ébullition. Réduire le feu et laisser mijoter à feu doux, en brassant de temps à autre, pendant 25 minutes ou jusqu'à ce que les mangues soient défaites.

2 À l'aide d'un mélangeur à main, réduire le mélange en purée. Mettre la compote dans un pot, laisser refroidir et réfrigérer. (Elle se conservera jusqu'à 2 semaines au réfrigérateur.)

PAR PORTION de 1 c. à tab (15 ml) :
cal. 25 ; **prot.** traces ; **m.g.** aucune ; **chol.** aucun ; **gluc.** 6 g ; **fibres** traces ; **sodium** aucun.

Beurre de pommes et de poires à la mijoteuse

- ◆ DONNE ENVIRON 5 T (1,25 L)
- ◆ PRÉPARATION : 15 min
- ◆ CUISSON : 8 à 12 h
- ◆ RÉFRIGÉRATION : 2 h

2 1/2 lb	pommes pelées et coupées en dés (environ 5 pommes)	1,25 kg
2 1/2 lb	poires pelées et coupées en dés (environ 5 poires)	1,25 kg
1/3 t	sirop d'érable	80 ml
1/3 t	sucre	80 ml
1	bâton de cannelle	1

1 Mettre tous les ingrédients dans une mijoteuse et mélanger. Cuire à faible intensité de 8 à 10 heures. Retirer le bâton de cannelle.

2 Remuer la préparation. Si elle est encore liquide, poursuivre la cuisson à découvert, en brassant de temps à autre, pendant environ 2 heures ou jusqu'à ce qu'elle ait épaissi. À l'aide d'un mélangeur à main, réduire en purée lisse.

3 Mettre le beurre de pommes et de poires dans des pots, laisser refroidir et réfrigérer pendant au moins 2 heures. (Il se conservera jusqu'à 2 semaines au réfrigérateur ou jusqu'à 3 mois au congélateur.)

PAR PORTION de 1 c. à tab (15 ml) :
cal. 25 ; **prot.** aucune ; **m.g.** aucune ;
chol. aucun ; **gluc.** 6 g ; **fibres** traces ;
sodium 1 mg.

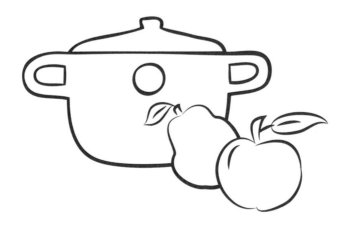

Granola doré

Contient des noix

Le sirop de riz brun est un édulcorant moins raffiné que le sucre, la cassonade ou le sirop de maïs. On le trouve dans la section bio de certains supermarchés et dans les magasins d'aliments naturels.

◆ DONNE ENVIRON 9 T (2,25 L)
◆ PRÉPARATION : 25 min
◆ CUISSON : 33 min

5 t	gros flocons d'avoine	1,25 L
1/2 t	noix de cajou crues	125 ml
1/2 t	amandes entières, hachées	125 ml
1/2 t	abricots séchés coupés en tranches	125 ml
1/2 t	bananes séchées	125 ml
1/3 t	mangue séchée hachée	80 ml
1/3 t	flocons de noix de coco	80 ml
1/4 t	graines de tournesol crues	60 ml
1/3 t	miel liquide	80 ml
1/4 t	sirop de riz brun	60 ml
1/4 t	huile de canola	60 ml
1/4 c. à thé	sel	1 ml
1/2 t	raisins secs dorés	125 ml

1 Dans un grand bol, mélanger les flocons d'avoine, les noix de cajou, les amandes, les abricots, les bananes, la mangue, les flocons de noix de coco et les graines de tournesol.

2 Dans une petite casserole, mélanger le miel, le sirop de riz, l'huile et le sel et chauffer à feu moyen, en brassant de temps à autre, pendant 3 minutes. Verser la préparation de miel chaude sur le mélange de flocons d'avoine et mélanger pour bien enrober les ingrédients. Étendre uniformément la préparation sur deux plaques de cuisson huilées ou tapissées de papier-parchemin.

3 Cuire au four préchauffé à 325°F (160°C) pendant 15 minutes. Ajouter les raisins secs et mélanger. Intervertir et tourner les plaques et poursuivre la cuisson au four pendant environ 15 minutes ou jusqu'à ce que la préparation soit dorée et qu'elle dégage son arôme (brasser une fois). Déposer les plaques sur des grilles et laisser refroidir.

PAR PORTION de 1/4 t (60 ml) : cal. 132 ; **prot.** 3 g ; **m.g.** 5 g (1 g sat.) ; **chol.** aucun ; **gluc.** 19 g ; **fibres** 2 g ; **sodium** 23 mg.

Granola sans noix aux cerises et au chocolat

◆ DONNE ENVIRON 8 T (2 L)
◆ PRÉPARATION : 25 min
◆ CUISSON : 33 min

4 1/2 t	céréales 5 grains en flocons (de type Bob's Red Mill) ou gros flocons d'avoine	1,125 L
3/4 t	graines de citrouille crues	180 ml
1/3 t	graines de tournesol crues	80 ml
2 c. à tab	graines de sésame	30 ml
1/2 t	cerises séchées	125 ml
1/2 t	canneberges séchées	125 ml
1/2 t	dattes hachées	125 ml
1/2 t	compote de pommes lisse non sucrée	125 ml
1/3 t	sirop d'érable	80 ml
1/4 t	huile de canola	60 ml
1/2 c. à thé	vanille	2 ml
1/4 c. à thé	sel	1 ml
1/2 t	chocolat mi-amer haché ou brisures de chocolat mi-sucré	125 ml

1 Dans un grand bol, mélanger les céréales, les graines de citrouille, de tournesol et de sésame, les cerises, les canneberges et les dattes.

2 Dans une petite casserole, mélanger la compote de pommes, le sirop d'érable, l'huile, la vanille et le sel et chauffer à feu moyen, en brassant de temps à autre, pendant environ 3 minutes ou jusqu'à ce que la préparation soit liquide. Verser la préparation sur le mélange de céréales et mélanger pour bien l'enrober. Étendre uniformément la préparation sur deux plaques de cuisson huilées ou tapissées de papier-parchemin.

3 Cuire au four préchauffé à 325°F (160°C) pendant environ 30 minutes ou jusqu'à ce que la préparation soit dorée (brasser toutes les 5 minutes ; intervertir et tourner les plaques à la mi-cuisson). Déposer les plaques sur des grilles et laisser refroidir complètement.

4 Ajouter le chocolat et mélanger.

PAR PORTION de 1/4 t (60 ml) : cal. 140 ; **prot.** 4 g ; **m.g.** 6 g (1 g sat.) ; **chol.** aucun ; **gluc.** 20 g ; **fibres** 3 g ; **sodium** 20 mg.

6 FAÇONS D'OBTENIR
UN PETIT-DÉJEUNER COMPLET
AVEC NOS GRANOLAS

Une formule gagnante qui peut se décliner en plusieurs types de déjeuners. Selon nos goûts, on peut manger nos granolas :

1 En céréales froides, avec une boisson de soja enrichie pour obtenir les bons nutriments du lait.

2 En céréales chaudes, incorporés à un gruau ou parsemés sur le dessus pour un apport en fibres d'avoine, qui prolongent l'effet de satiété du repas (garnir de pomme râpée, si désiré).

3 En parfait dans une coupe, en alternance avec du yogourt et des petits fruits frais pour un extra de vitamines.

4 En muesli, qu'on incorpore à du fromage frais ou à du tofu, lesquels apportent une bonne dose de protéines et – dans le cas du quark, du cottage et de la ricotta – de calcium.

5 En smoothie, passés au mélangeur avec du lait, du yogourt et des fruits frais ou surgelés, pour un petit-déjeuner complet à boire (accompagner d'un demi-bagel grillé, si désiré).

6 En crêpes ou en muffins, pour un extra de glucides complexes énergisants et une note croquante (on en ajoute simplement une poignée à notre pâte).

Smoothie au tofu et aux fruits

- ◆ 2 PORTIONS D'ENVIRON 1 T (250 ML)
- ◆ PRÉPARATION : 5 min
- ◆ CUISSON : aucune

6 oz	tofu soyeux	180 g
3/4 t	lait ou boisson de soja nature non sucrée	180 ml
1 t	mélange de fraises, de mangues et de pêches surgelées	250 ml
	sirop d'érable, au goût	
2 ou 3	glaçons (facultatif)	2 ou 3

1 Au mélangeur, réduire tous les ingrédients en une préparation homogène.

PAR PORTION : **cal.** 155 ; **prot.** 8 g ; **m.g.** 3 g (1 g sat.) ; **chol.** 5 mg ; **gluc.** 25 g ; **fibres** 2 g ; **sodium** 45 mg.

Céréales à boire

- ◆ 2 PORTIONS D'ENVIRON 1 T (250 ML)
- ◆ PRÉPARATION : 5 min
- ◆ CUISSON : aucune

1 t	céréales d'avoine entière (de type Cheerios)	250 ml
3/4 t	petits fruits frais ou surgelés	180 ml
3/4 t	yogourt au choix	180 ml
3/4 t	lait	180 ml
1/2	banane	1/2
2 ou 3	glaçons (facultatif)	2 ou 3

1 Au mélangeur, réduire tous les ingrédients en une préparation homogène.

PAR PORTION : **cal.** 220 ; **prot.** 10 g ; **m.g.** 3 g (2 g sat.) ; **chol.** 10 mg ; **gluc.** 41 g ; **fibres** 4 g ; **sodium** 170 mg.

Smoothie au tofu
et aux fruits

LES LUNCHS

Appétissants et colorés, nos lunchs maison nous permettent de nous régaler sainement le midi. Sandwichs, salades ou soupes, on ne mangera pas la même chose toute la semaine, c'est promis ! Et pour ça, nul besoin de se compliquer la vie.

Bouchées au jambon, au fromage et aux tomates séchées

◆ 4 PORTIONS
◆ PRÉPARATION : 10 min
◆ CUISSON : aucune

1	paquet de fromage à la crème, ramolli (250 g)	1
2 c. à tab	crème à 15 % ou lait	30 ml
1 c. à tab	pesto au basilic	15 ml
1/4 t	tomates séchées hachées	60 ml
4	grandes tortillas de blé entier	4
12 oz	jambon en tranches	350 g

1 Dans un bol, mélanger le fromage, la crème, le pesto et les tomates séchées.

2 Étendre uniformément la garniture au fromage sur les tortillas en laissant une bordure intacte de 2 po (5 cm) de largeur sur un côté. Couvrir du jambon.

3 Rouler les tortillas, puis presser pour sceller. Couper en rondelles d'environ 1 po (2,5 cm).

PAR PORTION : cal. 560 ; **prot.** 24 g ; **m.g.** 35 g (16 g sat.) ; **chol.** 120 mg ; **gluc.** 36 g ; **fibres** 3 g ; **sodium** 900 mg.

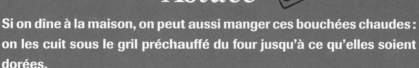

Astuce

Si on dîne à la maison, on peut aussi manger ces bouchées chaudes : on les cuit sous le gril préchauffé du four jusqu'à ce qu'elles soient dorées.

Pitas au poulet et à la mangue

- ◆ DONNE 4 SANDWICHS
- ◆ PRÉPARATION : 15 min
- ◆ CUISSON : aucune

1/2 t	yogourt grec nature	125 ml
1 c. à thé	miel liquide	5 ml
2 c. à tab	coriandre fraîche, hachée finement	30 ml
4	pains pitas grecs (sans pochette)	4
12	tranches fines de poulet fumé	12
1	mangue pelée et coupée en tranches fines	1
2 t	verdures mélangées	500 ml
	sel et poivre noir du moulin (facultatif)	

1 Dans un bol, mélanger le yogourt, le miel et la coriandre. Saler et poivrer, si désiré. Réserver.

2 Couvrir les pitas des tranches de poulet et de mangue, des verdures et de la sauce réservée. Plier les pitas en deux.

PAR SANDWICH : cal. 365 ; **prot.** 21 g ; **m.g.** 3 g (1 g sat.) ; **chol.** 20 mg ; **gluc.** 67 g ; **fibres** 5 g ; **sodium** 910 mg.

Salade de riz et de lentilles

Une recette savoureuse qui se prépare en un tournemain quand on a un reste de riz cuit.

- ◆ 4 PORTIONS
- ◆ PRÉPARATION : 20 min
- ◆ CUISSON : aucune

1 1/2 t	riz basmati ou autre riz blanc à grain long, cuit	375 ml
1	boîte de lentilles vertes ou brunes, égouttées et rincées	1
2/3 t	poivrons rouges rôtis en pot, égouttés et hachés	160 ml
1/2 t	fromage feta émietté	125 ml
1/3 t	pignons grillés (facultatif)	80 ml
1/4 t	huile d'olive	60 ml
2 c. à tab	vinaigre de vin rouge	30 ml
1	gousse d'ail hachée finement	1
1/4 t	persil frais, haché	60 ml
1/2 c. à thé	menthe séchée	2 ml
1/4 c. à thé	coriandre moulue	1 ml
1/4 c. à thé	sel	1 ml
1/4 c. à thé	poivre noir du moulin	1 ml

1 Dans un bol, mélanger le riz, les lentilles, les poivrons, le fromage feta et les pignons.

2 Dans un petit bol, à l'aide d'un fouet, mélanger le reste des ingrédients. Verser la vinaigrette sur la préparation de lentilles et mélanger délicatement. (Vous pouvez préparer la salade à l'avance et la mettre dans un contenant hermétique. Elle se conservera jusqu'à 2 jours au réfrigérateur. Laisser revenir à la température ambiante avant de servir.)

PAR PORTION : cal. 423 ; **prot.** 14 g ; **m.g.** 26 g (6 g sat.) ; **chol.** 18 mg ; **gluc.** 38 g ; **fibres** 5 g ; **sodium** 596 mg.

Salade de riz
et de lentilles

Soupe aux légumes
et aux pâtes

Soupe aux légumes et aux pâtes

Le rabiole, aussi appelé «navet», se trouve facilement dans les marchés publics et les supermarchés.

◆ 6 À 8 PORTIONS
◆ PRÉPARATION : 30 min
◆ CUISSON : 25 min

2 c. à tab	huile d'olive	30 ml
1	poireau paré, haché finement	1
2	gousses d'ail hachées finement	2
1	pincée de flocons de piment fort	1
2 t	pommes de terre pelées et coupées en dés	500 ml
2 t	rabioles pelés et coupés en dés	500 ml
2	carottes pelées et coupées en dés	2
3	brins de thym frais	3
2	feuilles de laurier	2
1 1/2 c. à thé	coriandre moulue	7 ml

1/2 c. à thé	sel	2 ml
1/4 c. à thé	poivre noir du moulin	1 ml
2 t	bouillon de légumes	500 ml
6 t	eau	1,5 L
1 1/2 t	asperges coupées en tronçons d'environ 2 po (5 cm)	375 ml
1	courgette coupée en dés	1
1	boîte de haricots de Lima (ou autres légumineuses), égouttés et rincés (19 oz/540 ml)	1
1/4 t	persil frais, haché	60 ml
2 t	petites pâtes de blé entier, cuites (environ 1 t/250 ml de pâtes sèches)	500 ml
1/3 t	parmesan en copeaux (facultatif)	80 ml

1 Dans une grande casserole, chauffer l'huile à feu moyen. Ajouter le poireau, l'ail et les flocons de piment fort et cuire, en brassant souvent, pendant 4 minutes ou jusqu'à ce que le poireau ait ramolli. Ajouter les pommes de terre, les rabioles, les carottes, le thym, les feuilles de laurier, la coriandre, le sel et le poivre. Cuire, en brassant de temps à autre, pendant 5 minutes.

2 Ajouter le bouillon de légumes et l'eau. Porter à ébullition. Réduire le feu et laisser mijoter pendant environ 10 minutes ou jusqu'à ce que les légumes soient tendres. Ajouter les asperges et la courgette et porter de nouveau à ébullition. Réduire le feu et laisser mijoter pendant 2 minutes. Ajouter les haricots de Lima, le persil et les pâtes et réchauffer. Retirer les brins de thym et les feuilles de laurier. (Vous pouvez préparer la soupe à l'avance, la laisser refroidir et la mettre dans des contenants hermétiques. Elle se conservera jusqu'à 2 jours au réfrigérateur ou jusqu'à 2 semaines au congélateur.) Au moment de servir, parsemer du parmesan, si désiré.

PAR PORTION : **cal.** 194 ; **prot.** 7 g ; **m.g.** 4 g (1 g sat.) ; **chol.** aucun ; **gluc.** 34 g ; **fibres** 0 g ; **sodium** 429 mg.

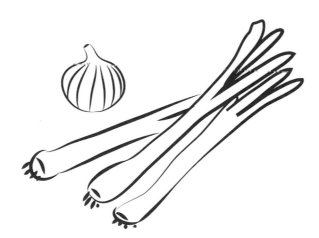

Soupe-repas à la mexicaine

Santé +
à congeler

- ◆ 4 PORTIONS
- ◆ PRÉPARATION : 20 min
- ◆ CUISSON : 25 min

1 c. à tab	huile d'olive	15 ml
1	oignon haché	1
2	gousses d'ail hachées finement	2
1/2 t	céleri haché	125 ml
1/2 c. à thé	cumin moulu	2 ml
1/4 c. à thé	poivre noir du moulin	1 ml
1	pincée de piment de Cayenne	1
1 c. à tab	pâte de tomates	15 ml
1	boîte de tomates en dés (28 oz/796 ml)	1
1	boîte de haricots noirs, égouttés et rincés (19 oz/540 ml)	1
1 1/2 t	bouillon de poulet réduit en sel	375 ml
1 1/2 t	maïs en grains surgelé	375 ml

1 Dans une casserole, chauffer l'huile à feu moyen. Ajouter l'oignon, l'ail, le céleri, le cumin, le poivre et le piment de Cayenne et cuire, en brassant souvent, pendant environ 5 minutes ou jusqu'à ce que l'oignon ait ramolli. Ajouter la pâte de tomates et poursuivre la cuisson, en brassant, pendant 1 minute. Ajouter les tomates, les haricots noirs et le bouillon et mélanger. Porter à ébullition. Réduire le feu et laisser mijoter, en brassant souvent, pendant environ 15 minutes ou jusqu'à ce que la soupe ait légèrement réduit.

2 Ajouter le maïs et poursuivre la cuisson pendant 4 minutes ou jusqu'à ce qu'il soit chaud. (Vous pouvez préparer la soupe à l'avance, la laisser refroidir et la mettre dans un contenant hermétique. Elle se conservera jusqu'à 2 jours au réfrigérateur ou jusqu'à 1 mois au congélateur.)

PAR PORTION : cal. 280 ; **prot.** 14 g ; **m.g.** 6 g (1 g sat.) ; **chol.** 3 mg ; **gluc.** 48 g ; **fibres** 13 g ; **sodium** 700 mg.

Soupe-repas
à la mexicaine

Soupe aux
boulettes de poulet
et aux pâtes

Soupe aux boulettes de poulet et aux pâtes

Santé +
à congeler

- ◆ 4 PORTIONS
- ◆ PRÉPARATION : 25 min
- ◆ CUISSON : 25 min

Boulettes de poulet

1	jaune d'œuf	1
2 c. à tab	chapelure nature	30 ml
1 c. à tab	moutarde de Dijon	15 ml
1	oignon vert coupé en tranches fines	1
1	gousse d'ail hachée finement	1
1/2 c. à thé	sauce tabasco	2 ml
1	pincée de sel	1
1	pincée de poivre noir du moulin	1
8 oz	poulet haché maigre	250 g

Soupe au poulet

1 c. à tab	huile d'olive	15 ml
1	oignon haché	1
2	gousses d'ail hachées finement	2
1 c. à thé	origan séché	5 ml
1/2 c. à thé	sel	2 ml
1/2 c. à thé	poivre noir du moulin	2 ml
1	boîte de tomates en dés (28 oz/796 ml)	1
2 t	bouillon de poulet réduit en sel	500 ml
1 t	eau	250 ml
2 c. à tab	pâte de tomates	30 ml
1/2 t	petites boucles ou autres petites pâtes	125 ml
1 t	petits pois surgelés	250 ml
1/4 t	parmesan râpé	60 ml

Préparation des boulettes

1 Dans un grand bol, battre le jaune d'œuf à l'aide d'une fourchette. Ajouter la chapelure, la moutarde de Dijon, l'oignon vert, l'ail, la sauce tabasco, le sel et le poivre et mélanger. Ajouter le poulet haché et mélanger jusqu'à ce que la préparation soit homogène.

2 Avec les mains, façonner la préparation en boulettes, environ 1 c. à tab (15 ml) à la fois. Déposer les boulettes sur une plaque de cuisson tapissée de papier d'aluminium. Cuire au four préchauffé à 375°F (190°C) pendant environ 15 minutes ou jusqu'à ce que le poulet ait perdu sa teinte rosée à l'intérieur. (Vous pouvez préparer les boulettes à l'avance, les laisser refroidir et les congeler côte à côte sur une plaque de cuisson tapissée de papier-parchemin. Une fois congelées, les mettre dans des sacs de congélation. Elles se conserveront jusqu'à 1 mois au congélateur.)

Préparation de la soupe

3 Entre-temps, dans une grande casserole, chauffer l'huile à feu moyen. Ajouter l'oignon, l'ail, l'origan, le sel et le poivre et cuire, en brassant de temps à autre, pendant 5 minutes ou jusqu'à ce que l'oignon ait ramolli. Ajouter les tomates, le bouillon, l'eau et la pâte de tomates et porter à ébullition. Réduire le feu, couvrir et laisser mijoter pendant 10 minutes.

4 Ajouter les boulettes de poulet cuites et les pâtes. Couvrir et laisser mijoter pendant environ 10 minutes ou jusqu'à ce que les pâtes soient al dente. Ajouter les petits pois et réchauffer. (Vous pouvez préparer la soupe à l'avance, la laisser refroidir et la mettre dans un contenant hermétique. Elle se conservera jusqu'à 2 jours au réfrigérateur ou jusqu'à 1 mois au congélateur.) Au moment de servir, parsemer chaque portion du parmesan.

PAR PORTION : **cal.** 280 ; **prot.** 14 g ; **m.g.** 6 g (1 g sat.) ; **chol.** 3 mg ; **gluc.** 48 g ; **fibres** 13 g ; **sodium** 700 mg.

LES COLLATIONS

Des grignotines santé toutes simples,
à glisser dans le sac à dos ou à servir à la maison,
pour combler un petit creux au retour de l'école!

Carrés à l'avoine et aux framboises

Santé +
à congeler

◆ DONNE 36 CARRÉS
◆ PRÉPARATION : 30 min
◆ CUISSON : 35 min

1 1/3 t	farine	330 ml
1/4 c. à thé	bicarbonate de sodium	1 ml
1/4 c. à thé	sel	1 ml
3/4 t	flocons d'avoine à cuisson rapide	180 ml
1/3 t	cassonade tassée	80 ml
1 c. à thé	zeste de citron râpé finement	5 ml
6 oz	fromage à la crème léger, ramolli	180 g
1/4 t	beurre ramolli	60 ml
3/4 t	tartinade de framboises sans pépins (de type Double Fruit)	180 ml
1 c. à thé	jus de citron	5 ml

1 Dans un bol, mélanger la farine, le bicarbonate de sodium et le sel. Ajouter les flocons d'avoine, la cassonade et le zeste de citron et mélanger. Réserver. Dans un grand bol, à l'aide d'un batteur électrique, battre le fromage à la crème et le beurre pendant 30 secondes. Ajouter le mélange de flocons d'avoine réservé et battre à faible vitesse jusqu'à ce que la préparation ait la texture d'une chapelure grossière.

2 Réserver 1 t (250 ml) de la préparation de flocons d'avoine. Presser le reste de la préparation au fond d'un moule de 9 po (23 cm) de côté, beurré. Cuire au four préchauffé à 350°F (180°C) pendant 20 minutes.

3 Dans un petit bol, mélanger la tartinade et le jus de citron. Étendre délicatement le mélange de tartinade sur la croûte chaude, puis parsemer de la préparation de flocons d'avoine réservée. Poursuivre la cuisson au four pendant environ 15 minutes ou jusqu'à ce que la garniture soit dorée. Déposer le moule sur une grille et laisser refroidir complètement. Couper en carrés. (Vous pouvez préparer les carrés à l'avance et les mettre dans un contenant hermétique en séparant chaque étage d'une feuille de papier ciré. Ils se conserveront jusqu'à 1 semaine au réfrigérateur ou jusqu'à 3 mois au congélateur.)

PAR CARRÉ : cal. 70 ; **prot.** 1 g ; **m.g.** 3 g (2 g sat.) ; **chol.** 10 mg ; **gluc.** 9 g ; **fibres** traces ; **sodium** 50 mg.

Muffins aux fruits séchés et aux graines de lin

- ◆ DONNE ENVIRON 12 MUFFINS
- ◆ PRÉPARATION : 20 min
- ◆ CUISSON : 20 min

1 t	fruits séchés hachés	250 ml
2 t	farine	500 ml
1/3 t	graines de lin moulues	80 ml
1 1/2 c. à thé	poudre à pâte	7 ml
1/2 c. à thé	bicarbonate de sodium	2 ml
1/2 c. à thé	sel	2 ml
1/2 c. à thé	épices pour tarte à la citrouille ou cannelle moulue	2 ml
1	œuf battu	1
1 t	yogourt à la vanille réduit en gras	250 ml
1/2 t	cassonade tassée	125 ml
1/4 t	huile végétale	60 ml

1 Mettre les fruits séchés dans un petit bol et les couvrir d'eau bouillante. Dans un bol, mélanger la farine, les graines de lin, la poudre à pâte, le bicarbonate de sodium, le sel et les épices. Égoutter les fruits séchés en réservant 1/4 t (60 ml) du liquide.

Dans un petit bol, mélanger le liquide réservé, l'œuf, le yogourt, la cassonade et l'huile. Faire un puits au centre des ingrédients secs, y verser le mélange de yogourt et mélanger jusqu'à ce que la pâte soit humectée, sans plus (elle sera grumeleuse). Incorporer les fruits séchés égouttés en soulevant délicatement la masse.

2 À l'aide d'une cuillère, répartir la pâte dans 12 moules à muffins légèrement vaporisés d'un enduit végétal antiadhésif (de type Pam) (les remplir aux trois quarts). Cuire au four préchauffé à 400°F (200°C) pendant environ 20 minutes ou jusqu'à ce que les muffins soient dorés. Déposer les moules sur une grille et laisser refroidir pendant 5 minutes avant de démouler.

PAR MUFFIN : **cal.** 218 ; **prot.** 5 g ; **m.g.** 6 g (1 g sat.) ; **chol.** 19 mg ; **gluc.** 37 g ; **fibres** 1 g ; **sodium** 209 mg.

Astuce

Pour faire changement, on varie les fruits séchés : cerises, canneberges, bleuets, pommes, abricots, mangues, figues ou dattes.

Muffins à la poire et au gingembre

- ◆ DONNE ENVIRON 12 MUFFINS
- ◆ PRÉPARATION : 20 min
- ◆ CUISSON : 18 à 20 min

1 t	farine	250 ml
1 t	flocons d'avoine à cuisson rapide	250 ml
3 c. à tab	cassonade tassée	45 ml
1 1/2 c. à thé	poudre à pâte	7 ml
1/2 c. à thé + 1/4 c. à thé	gingembre moulu	3 ml
1/4 c. à thé	sel	1 ml
2/3 t	lait écrémé	160 ml
1/3 t	huile végétale	80 ml
1/4 t	œufs liquides (de type Naturœuf) ou	60 ml
1	œuf battu	1
3/4 t	poire hachée	180 ml
1 c. à tab	son d'avoine	15 ml

1 Dans un grand bol, mélanger la farine, les flocons d'avoine, la cassonade, la poudre à pâte, 1/2 c. à thé (2 ml) du gingembre et le sel. Dans un petit bol, mélanger le lait, l'huile et les œufs liquides. Faire un puits au centre des ingrédients secs, y verser le mélange de lait et mélanger jusqu'à ce que la pâte soit humectée, sans plus. Incorporer la poire en soulevant délicatement la masse.

2 À l'aide d'une cuillère, répartir la pâte dans 12 moules à muffins légèrement vaporisés d'un enduit végétal antiadhésif (de type Pam). Dans un petit bol, mélanger le son d'avoine et le reste du gingembre. Parsemer les muffins de ce mélange. Cuire au four préchauffé à 400°F (200°C) de 18 à 20 minutes ou jusqu'à ce que le dessus des muffins soit doré. Déposer les moules sur une grille et laisser refroidir pendant 5 minutes avant de démouler.

PAR MUFFIN : cal. 149 ; **prot.** 3 g ; **m.g.** 7 g (1 g sat.) ; **chol.** aucun ; **gluc.** 19 g ; **fibres** 2 g ; **sodium** 96 mg.

Biscuits à l'avoine classiques

Santé +
à congeler

- ◆ DONNE ENVIRON 48 BISCUITS
- ◆ PRÉPARATION : 20 min
- ◆ CUISSON : 14 à 18 min

1 t	beurre ramolli	250 ml
1 t	cassonade tassée	250 ml
1/2 t	sucre	125 ml
1 c. à thé	bicarbonate de sodium	5 ml
1/2 c. à thé	sel	2 ml
1 c. à thé	cannelle moulue (facultatif)	5 ml
2	œufs	2
1 c. à thé	vanille	5 ml
1 1/2 t	farine	375 ml
3 t	flocons d'avoine	750 ml

1 Dans un grand bol, à l'aide d'un batteur électrique, battre le beurre jusqu'à ce qu'il soit crémeux. Ajouter la cassonade, le sucre, le bicarbonate de sodium, le sel et la cannelle, si désiré, et bien mélanger. Incorporer les œufs et la vanille en battant. À l'aide d'une cuillère de bois, incorporer la farine, puis les flocons d'avoine (ne pas trop mélanger).

2 Laisser tomber la pâte, environ 1 c. à tab (15 ml) à la fois, sur deux plaques à biscuits tapissées de papier-parchemin, en laissant un espace d'environ 2 po (5 cm) entre les biscuits. Déposer une plaque sur la grille supérieure du four préchauffé à 375°F (190°C) et l'autre sur la grille inférieure. Cuire de 7 à 9 minutes ou jusqu'à ce que les biscuits soient dorés (intervertir et tourner les plaques à la mi-cuisson). Déposer les plaques sur des grilles et laisser refroidir pendant 5 minutes. Déposer les biscuits sur les grilles et laisser refroidir complètement. Cuire le reste de la pâte de la même manière. (Vous pouvez préparer les biscuits à l'avance et les mettre dans un contenant hermétique, en séparant chaque étage de papier ciré. Ils se conserveront jusqu'à 5 jours à la température ambiante ou jusqu'à 2 semaines au congélateur.)

PAR BISCUIT : cal. 95 ; **prot.** 1 g ; **m.g.** 4 g (2 g sat.) ; **chol.** 20 mg ; **gluc.** 13 g ; **fibres** 1 g ; **sodium** 80 mg.

{ VARIANTES }

Biscuits à l'avoine, aux raisins et aux carottes

◆ DONNE ENVIRON 50 BISCUITS

1 Préparer la pâte à biscuits à l'avoine classiques avec la cannelle.

2 Ajouter 1/4 o. à thé (1 ml) de clou de girofle moulu en même temps que le sucre.

3 Ajouter 1 t (250 ml) de raisins secs et 1/2 t (125 ml) de carottes râpées en même temps que les flocons d'avoine.

Biscuits à l'avoine, aux dattes et à l'orange

◆ DONNE ENVIRON 54 BISCUITS

1 Préparer la pâte à biscuits à l'avoine classiques en omettant la cannelle et la vanille.

2 Ajouter 2 c. à thé (10 ml) de zeste d'orange râpé finement en même temps que les œufs.

3 Ajouter 1 t (250 ml) chacun de dattes hachées et de pacanes hachées en même temps que les flocons d'avoine.

Biscuits à l'avoine, aux cerises et aux amandes

◆ DONNE ENVIRON 54 BISCUITS

1 Préparer la pâte à biscuits à l'avoine classiques en omettant la cannelle et la vanille.

2 Dans un petit bol, mettre 1 1/4 t (310 ml) de cerises ou de canneberges séchées et les couvrir d'eau bouillante. Laisser reposer pendant 30 minutes.

3 Égoutter les fruits séchés et les ajouter en même temps que les flocons d'avoine, avec 3/4 t (180 ml) d'amandes hachées.

*Rapide +
contient des noix*

Trempette aux poivrons rouges, à la ricotta et aux noix

- ◆ DONNE ENVIRON 1 1/2 T (375 ML)
- ◆ PRÉPARATION : 10 min
- ◆ CUISSON : aucune

1/3 t	noix de Grenoble grillées	80 ml
1/4 t	persil italien frais	60 ml
1	gousse d'ail	1
1 1/3 t	poivrons rouges rôtis en pot, égouttés	330 ml
1/3 t	fromage ricotta	80 ml
2 c. à tab	vinaigre de vin rouge	30 ml
1/4 c. à thé	piment de Cayenne (facultatif)	1 ml

1 Au robot culinaire, mélanger les noix, le persil et l'ail en actionnant et en arrêtant successivement l'appareil. Ajouter le reste des ingrédients et mélanger jusqu'à ce que la trempette soit homogène. (Vous pouvez la préparer à l'avance et la mettre dans un contenant hermétique. Elle se conservera jusqu'à 2 jours au réfrigérateur.)

PAR PORTION de 1 c. à tab (15 ml) :
cal. 20 ; **prot.** 1 g ; **m.g.** 1 g (traces sat.) ;
chol. 2 mg ; **gluc.** 1 g ; **fibres** traces ;
sodium 25 mg.

Rapide

Hoummos aux tomates séchées

- ◆ DONNE ENVIRON 1 1/2 T (375 ML)
- ◆ PRÉPARATION : 15 min
- ◆ CUISSON : aucune

1	boîte de pois chiches, égouttés et rincés (19 oz/540 ml)	1
2	gousses d'ail	2
1/4 t	tomates séchées conservées dans l'huile, égouttées	60 ml
1/4 à 1/2 t	eau	60 à 125 ml
3 c. à tab	jus de citron	45 ml
2 c. à tab	huile d'olive	30 ml
1 c. à thé	cumin moulu	5 ml
1/4 c. à thé	sel	1 ml
1/2 c. à thé	sauce tabasco	2 ml

1 Au robot culinaire, réduire les pois chiches et l'ail en purée grossière. Ajouter les tomates séchées, 1/4 t (60 ml) de l'eau, le jus de citron, l'huile, le cumin, le sel et la sauce tabasco. Mélanger jusqu'à ce que la préparation soit lisse (ajouter le reste de l'eau, au besoin). (Vous pouvez préparer le hoummos à l'avance et le mettre dans un contenant hermétique. Il se conservera jusqu'à 2 jours au réfrigérateur.)

PAR PORTION de 1 c. à tab (15 ml) :
cal. 35 ; **prot.** 1 g ; **m.g.** 2 g (traces sat.) ;
chol. aucun ; **gluc.** 4 g ; **fibres** 1 g ;
sodium 50 mg.

Deux délicieuses trempettes pour les inciter à manger plus de légumes frais au retour de l'école.

Hoummos aux tomates séchées

Trempette aux poivrons rouges, à la ricotta et aux noix

CRÉDITS TEXTES

CRÉDITS PHOTOGRAPHIQUES

Couverture avant
Holbox / Shutterstock.com

Couverture arrière
KiddaiKiddee Studio / Shutterstock.com

Intérieur
© IsaacLKoval / iStockphoto **103**
© jenifoto / iStockphoto **38**
© lovleah / iStockphoto **140**
© Nadya Lukic / iStockphoto **84**
© serts / iStockphoto **107**
© snapphoto / iStockphoto **69**
© Vesnaandjic / iStockphoto **72**

© aboikis / Shutterstock.com **55**
© altanaka / Shutterstock.com **143**
© Andresr / Shutterstock.com **108**
© Andrey_Popov / Shutterstock.com **60**
© Anna Kaminska / Shutterstock.com **133**
© bikeriderlondon / Shutterstock.com **152**
© Fotokostic / Shutterstock.com **150**
© Johan Larson / Shutterstock.com **77**
© Laurence Labat **5**
© luminaimages / Shutterstock.com **51**
© Magnia / Shutterstock.com **58**
© mama_mia / Shutterstock.com **165**
© Melanie DeFazio / Shutterstock.com **111**
© Monkey Business Images / Shutterstock.com **158**
© Nagy-Bagoly Arpad / Shutterstock.com **26**
© Oksana Kuzmina / Shutterstock.com **23**
© Olesya Tseytlin / Shutterstock.com **56**
© Piotr Wawrzyniuk / Shutterstock.com **207**
© PremiumVector / Shutterstock.com **9**
© Pressmaster / Shutterstock.com **14, 48,120,126**
© Roman Sigaev / Shutterstock.com **66**
© Serg64 / Shutterstock.com **157**
© Sergey Novikov / Shutterstock.com **6**
© Serhiy Kobyakov / Shutterstock.com **64**
© Silm / Shutterstock.com **68**
© Smailhodzic / Shutterstock.com **78**

© Suzanne Tucker / Shutterstock.com **13,113**
© wavebreakmedia / Shutterstock.com **105**
© Yuliya Evstratenko / Shutterstock.com **16**
© Zurijeta / Shutterstock.com **92**

Recettes
Yvonne Duivenvoorden **177, 178, 187**
Alain Sirois **182, 185**
David Scott **191**
Tango Photographie **169, 173, 181, 203**

Meredith Corporation, reproduites de *Better Homes and Gardens Magazines*
Blaine Moats **194**
Scott Little **197, 199**

Stylistes culinaires
Véronique Gagnon-Lalanne **169, 173, 203**
Claire Stubb **187**
Lucie Richard **177, 178**
Denyse Roussin **182, 185**
Solène Thouin **181**

Stylistes accessoires
Josée Angrignon **182, 185**
Catherine Doherty **177, 178**
Luce Meunier **203**
Oksana Slavutych **187**
Un + Une **181**

Tests en cuisine
Better Homes and Gardens
Canadian Living

Illustrations :
Anne Villeneuve **10, 32, 43, 47, 83, 86, 98, 134, 139, 146**
Philippe Germain **29, 91, 100, 122, 130, 136, 138**

© AtthameeNi / Shutterstock.com
© Lorelinka / Shutterstock.com
© Lyudmyla Kharlamova / Shutterstock.com
© mahmuttibet / Shutterstock.com
© MisterElements / Shutterstock.com
© Nbenbow / Shutterstock.com
© Ohn Mar / Shutterstock.com
© Orfeev / Shutterstock.com
© Pixachi / Shutterstock.com
© topform / Shutterstock.com
© VOOK / Shutterstock.com
© WitchEra / Shutterstock.com
© wongwean / Shutterstock.com

RÉFÉRENCES LIVRES

CHAPITRE 1

Elle a encore besoin de sa sieste.
Sera-t-elle trop fatiguée pour suivre la classe?

Enfin, je dors… et mes parents aussi
(Evelyne Martello, Éditions du CHU Sainte-Justine,
2007, 116 p., 14,95 $)
Pour en savoir plus : www.enfinjedors.com

S'entendre sur la gestion des affaires scolaires

Vivre une garde partagée
(Claudette Guilmaine, Éditions du CRAM/Éditions
du CHU Sainte-Justine, 2009, 419 p., 27,95 $)

CHAPITRE 2

Je voudrais l'aider, mais je n'y comprends rien

Au retour de l'école… la place des parents
dans l'apprentissage scolaire
(Marie-Claude Béliveau, Éditions du CHU
Sainte-Justine, 2004, 268 p., 14,95 $)

CHAPITRE 3

3 questions sur la motivation

La motivation à l'école, un passeport
pour l'avenir
(Germain Duclos, Éditions du CHU Sainte-Justine,
2010, 184 p., 19,95 $),

Mon enfant n'aime pas l'école

J'ai mal à l'école. Troubles affectifs
et difficultés scolaires
(Marie-Claude Béliveau, Éditions du CHU
Sainte-Justine, 2002, 168 p., 14,95 $)

Pour leur donner le goût des sciences

Expériences des Débrouillards
(Bayard Jeunesse, 2004 et 2006, 64 p. ch.,
19,95 $ ch.).

Question de forces!
(Richard Hammond, ERPI, 2007, 96 p., 19,95 $).

CHAPITRE 5

Mon fils est mauvais perdant

La Discipline, du réactionnel au relationnel
(Joe-Ann Benoît, Québec-Livres, 2013,
258 p., 24,95 $)

Ma fille se fait «bitcher» à l'école

Bitcher et intimider à l'école, c'est assez
(Marthe St-Laurent, Béliveau, 2011, 176 p., 16,95 $).

CHAPITRE 6

Enfant allergique? 5 conseils pour la rentrée

*Peut contenir des traces de bonheur.
Recettes, trucs et conseils pour les personnes
souffrant d'allergies alimentaires et leur entourage
(Julie La Rochelle et Jean-Sébastien Lord,
Éditions de l'Homme, 2009, 192 p., 34,95 $)